# BLUETS

**BLUETS**

Copyright © 2009 by Maggie Nelson
All rights reserved.
Korean Translation Copyright © 2025 by Munhakdongne Publishing Corp.
This translation is published by arrangement with Janklow & Nesbit Associates
through Imprima Korea Agency.

이 책의 한국어판 저작권은 Imprima Korea Agency를 통해
Janklow & Nesbit Associates와의 독점 계약으로 문학동네에 있습니다.
저작권법에 의해 한국 내에서 보호를 받는 저작물이므로
무단 전재와 무단 복제를 금합니다.

# 블루엣
BLUETS

매기 넬슨
김선형 옮김

사랑과 상실로 아로새긴
240편의 푸른 문장들

문학동네

그게 사실이라면, 모든 철학은
한 시간의 수고조차 아까운 짓이라는 게 우리 생각입니다.

―파스칼, 『팡세』

# 차례

블루엣
9

옮긴이의 말
157

일러두기
1 외래어 표기는 국립국어원의 표기법을 따르되,
  일부는 관용을 따랐다.
2 본문 하단의 주석은 옮긴이주다.
3 원서에서 이탤릭체로 강조한 부분은 고딕체로 표기했다.

( BLUETS )

**1**

색깔과 사랑에 빠졌다고 말하면서 시작하면 어떨까. 냅킨을 잘게 찢으면서 고백하듯 털어놓으면 어떨까. 천천히 시작된 사랑이야. 어, 괜찮은데, 우리 닮은 데가 있는데. 그러다 어느 날, 감정이 좀더 진지해지더라. 그러고는 (갈색 찻잎 찌꺼기가 바닥에 해마 모양으로 말라붙은 텅 빈 찻잔을 들여다보며) 왠지 모르겠지만 '사적인' 문제가 되어버렸어라고 말하는 거지.

**2**

그래서 색깔과 사랑에 빠졌다. 이번에는, 블루다. 마법의 주문에 걸린 듯. 이 마법에서 영영 깨어나기 싫어 발버둥치다가, 또 빠져나오려 애쓰다가 하고 있다.

**3**

자, 그래서 무슨 얘기냐고? 혼자만의 망상에 빠졌다고 할 수도 있다. 하지만 파란색 물건 하나하나가, 불붙은 떨기나

( 블루엣 )

무▼이거나, 유일한 주체를 나타내는 은밀한 암호거나, 도저히 한 번에 펼칠 수는 없을 만큼 망망하지만 우리가 알 수 있는 만큼의 우주가 담긴 지도에 표기된 X자 표시일지도 모른다. 가시나무에 걸린 파란 쓰레기봉투 쪼가리와 세상 모든 생선가게와 판잣집에 펄럭이는 새파란 방수포들, 어떻게 이 모든 것이, 본질적으로, 신의 지문일 수 있을까? 이제 내가 설명해보려 한다.

▼ burning bush. 구약성서 출애굽기 3장에는 신과 인간이 불붙은 떨기나무에서 만나는 장면이 나온다. 이집트를 탈출한 뒤 모세는 황야에서 장인의 양들을 돌보고 있었다. 호렙산(시나이산이라고도 불린다)에서 모세는 불에 타고 있으면서도 아직 재가 되지 않은 떨기나무를 보았다. 신은 그 떨기나무 속에서 모세에게 거룩한 땅이니 신발을 벗으라고 명했다. 또 히브리 노예들이 이집트에서 억압을 받고 있으니 가서 그들을 해방시켜 가나안 땅으로 데려오라고 말했다. 모세가 신에게 이름을 묻자 신은 "나는 네 조상의 하느님이니 아브라함의 하느님, 이삭의 하느님, 야곱의 하느님이니라"고 대답했다. (……) 학자들은 이런 일을 신현神顯, theophany 이라고 부른다. 신이 극적인 방식으로 인간 앞에 모습을 드러낸다는 의미다. 출처: 『바이블 키워드』(J. 스티븐 랭 지음, 남경태 옮김, 들녘, 2007)

4

인정한다. 나는 외로웠는지 모른다. 외로움은 번개처럼 찌르는 뜨거운 아픔을 낳고, 한참이 지나도 사라지지 않는 아픔은 신성한 것에 대한 어떤 앎을 흉내내거나 고무한다는 걸—둘 중 아무거나 생각하고 싶은 쪽으로 생각하자—안다. (이로써 우리는 어쩔 수 없이 의심의 마음을 품는다.)

5

그러나 먼저, 반대의 경우를 생각해보자. 1867년, 오랜 고독의 시간 끝에 프랑스 시인 스테판 말라르메는 친구 앙리 카잘리스에게 이런 글을 썼다. "지난 몇 달간 얼마나 무서웠는지 모르네. 나 자신의 사유를 철저히 검증한 결과 '순수 이데아'에 다다랐다네. 그 기나긴 고뇌의 시간 동안 나 자신이 얼마나 크나큰 고통을 겪었는지는 말로 형언할 수가 없어." 말라르메는 이 고뇌를 신의 "앙상한 날개"에 올라타고 벌인 전투라고 묘사했다. "태고의 깃털 날개가 달린 사악한 생물—신—과 씨름을 벌였고 운좋게도 승리를 거두어 그를 땅으로 메다꽂아 버렸네." 말라르메는 피로가 섞인 만족감에 젖어 카잘리스에게 말했다. 결국 말라르메는 시詩를 쓸 때 "르 시엘"▼을 "라쥐르"▼▼라는 말로 바꿔 쓰기 시작했는데, '하늘'이라는 말에서 종교적 함의를 씻어버리고자 함이었다. "운좋게도," 그는 카잘리스에게 이렇게 썼다. "나는 이제 정말로 죽어버렸다네."

### 6

눈이 멀 듯 찬란한 터키옥색의 반원형 바다는 이 사랑의 원초적 장면▼▼▼이다. 이런 블루가 존재하고 이런 블루를 본 적이 있다는 사실만으로, 나의 삶은 경이로워진다. 이토록 아름다운

▼ le ciel, 하늘을 뜻하는 프랑스어.
▼▼ l'Azur, (하늘이나 바다의) 푸른 빛깔이라는 뜻의 프랑스어.
▼▼▼ primal scene. 프로이트 정신분석에서 부모의 성교 장면에 대한 아동기 회상이나 환상을 말한다. 아동이 실제로 이 장면을 관찰했든 상상했든, 이것은 이후의 성적 호기심의 초점이 되고, 부모 간의 친밀한 관계에 관한 그의 환상 내용을 구성한다. 출처: 『정신분석용어사전』(미국 정신분석학회 지음, 한국심리치료연구소, 2002)

것들을 보고. 그 가운데 존재하는 자아를 느끼고. 선택의 여지는 없다. 어제 그곳으로 돌아가 한번 더 산꼭대기에 올라섰다.

7

하지만 진정, 그것은 어떤 종류의 사랑일까? 쓸데없는 허위는 걷어치우고 '숭고'라고 하자. 박물관 유리컵에 소담스럽게 담긴 울트라마린 안료 앞에서 느낀 따끔따끔한 욕망을 시인하자. 하지만 뭘 할까? 색을 해방할까? 사버릴까? 먹어치울까? 자연에는 블루 빛깔을 띤 음식이 너무 적다. 야생의 블루는 요주의 음식(곰팡이, 독성 베리류 열매)이라는 표시다. 음식 자문 전문가들은 요식업에서 되도록 파란 조명, 파란 페인트, 파란 접시를 피하라고 한다. 그러나 블루는 식욕을 빼앗을지는 몰라도 다른 욕구를 도발한다. 예를 들어, 손을 뻗어 소담스레 쌓인 안료를 흐트러뜨리고 싶다든가, 손가락이 파랗게 물들면 그 손가락들로 세상을 물들이고 싶다든가 하는, 파란 가루를 풀어 파랗게 물든 물속에서 헤엄치고 그 손가락으로 젖꼭지를

( 블루엣 )

문질러 파랗게 물들이고 성모상의 드레스를 칠하고 싶은 그런 욕구를 불러일으킨다. 아무리 해도 블루 그 자체에는 닿지 못할 테지. 결코 똑같이 닿을 수는 없겠지.

**8**

하지만 욕망이 전부 갈망이라고 착각하지 말자. "블루에 대한 사색이 좋은 건, 블루가 다가오기 때문이 아니라 블루가 끌어당기기 때문이다"라고 했던 괴테가 옳을지 모르겠다. 그러나 나는 이미 살고 있는 세상에서 살아가기를 갈망하는 데는 관심이 없다. 파란색 물건들을 갈망하고 싶지도 않고, "파람blueness"을 갈망하는 것도 질색이다. 무엇보다, 이제는 당신을 그리워하는 걸 멈추고 싶다.

**9**

그러니까 제발 더 아름답고 파란 것들에 대한 글을 써서 내게 보내지 말기를. 솔직히 이 책에서도 그런 얘기를 하지는 않을 것이다. X가 아름답지 않아? 그런 말도 하지 않을 거다. 그런 말들이야말로 아름다움에 치명적이니까.

**10**

가장 하고 싶은 일은 내 검지 끝을 보여주는 것. 그 침묵함을.

**11**

그 말은 곧: 색이 없어도 상관없다는 뜻.

**12**

부탁인데 "파란 기타" 위에서 "있는 그대로의 사물"이 변한다는 얘기는 하지 말아주길. 이 책은 파란 기타로 인해 변화하는 사물에 관심이 없으니까.▼

▼   맥신 그린Maxine Greene이 미학 교육에 대해 쓴 저서 『파란 기타 위에서의 변주Variations on a Blue Guitar』(국내에 '블루 기타 변주곡'이라는 제목으로 출간되었다)를 염두에 둔 표현으로 보인다.

( 블루엣 )

**13**

어느 대학의 취업 면접, 테이블 맞은편에 세 남자가 앉아 있다. 내가 제출한 이력서에는 현재 블루에 대한 책을 집필중이라고 쓰여 있다. 막상 원고는 한 글자도 쓰지 않으면서 몇 년 전부터 같은 말을 하고 다녔다. 나름대로는 내 인생이 속절없이 부스러지는 담뱃재가 아니라 "앞으로 나아가"는 느낌이길 바랐던 모양이다. 한 남자가 묻는다, 하필 왜 블루입니까? 자주 이 질문을 받는다. 늘 어떻게 대답해야 할지 모르겠다. 무엇을, 혹은 누구를 사랑할지 우리는 선택할 수 없잖아요, 하고 되묻고 싶다. 우리에겐 선택의 여지가 없다.

**14**

실제로 쓰지는 않으면서 블루에 대한 책을 쓴다고 말하고 다니는 게 즐거웠다. 그러면 어떤 일들이 벌어지는가 하면, 이런저런 사람들이 블루와 관련된 이야기를 들려주거나 실마리를 쥐여주거나 선물을 준다. 그러면 단어가 아니라 사물을 가

( BLUETS )

지고 놀 수 있다. 지난 십여 년에 걸쳐 나는 파란 잉크, 회화작품, 엽서, 안료, 문진, 술잔과 사탕들을 받았다. 순전히 청색 보석이 좋아서 앞니를 라피스라줄리▼로 박아넣은 남자도 소개받았고, 블루를 숭배한 나머지 파란 음식은 절대 먹지 않고 예전에 예배당이었던 곳을 파랗게 칠해서 들어가 살면서 정원에 파란 꽃과 하얀 꽃만 심는 사람도 알게 되었다. 전 세계에서 유기농 인디고▼▼를 가장 많이 재배하는 사람도 만나보았고, 조니 미첼의 노래 〈블루〉를 애끓는 목소리로 불러젖히는 사람도 만났으며, 부랑자의 얼굴을 하고 있지만 눈에서는 말 그대로 블루가 흘러 떨어지는 남자도 만났다. 나는 그를 블루의 왕자라고 불렀는데 그게 정말 그의 이름이었다.

▼ lapis lazuli, 청금석.
▼▼ indigo, 가장 오래전부터 사용되어온 식물계 천연염료. 짙은 남색으로 쪽 또는 남藍이라고도 불린다.

( 블루엣 )

**15**

나는 이들을 나만의 블루 특파원이라고 생각한다. 현장에서 블루에 관한 리포트를 전해주는 게 그들의 일이다.

**16**

이런 얘기들을 참 해맑게 하고 있지만, 사실은 불치병에 걸려 시름시름 앓는 환자가 이 특파원들이 보내오는 블루의 소식을 마지막 희망이 걸린 치료제라도 되는 양 기다리는 쪽에 가깝다.

**17**

하지만 색깔이 치료제라고 얘기하다니 마음속으로 무슨 생각을 하는 거야. 아직 질병의 이름도 말하지 않고서.

**18**

초봄, 따뜻한 오후. 뉴욕시. 우리는 섹스를 하러 첼시호텔에

( BLUETS )

갔어. 끝나고 나서 나는 객실 창밖으로 길 건너 지붕 위에서 펄럭거리는 파란 방수포를 봤지. 당신은 잠들어 있었으니까, 이건 나만의 비밀이야. 그건 질척한 비밀 속에 번져든 일상의 얼룩 한 점, 새파란 조각 하나였어. 내가 딱 한 번 절정에 달했던 게 그때였어. 본질적으로 그게 우리 삶이었어. 흔들리고 있었거든.

**19**

그날 오후로부터 몇 달 전, 나는 꿈을 꾸었다. 꿈속에서 천사가 내려와 말했다. 신성함에 대해 생각하는 시간이 더 많아져야 하고, 첼시호텔에서 블루의 왕자 바지 단추를 푸는 상상을 하는 시간은 줄여야 합니다. 하지만 블루의 왕자의 풀어진 바지춤이 바로 신성함이라면 어떻게 하죠, 나는 애원했다. 그럼 어쩔 수 없지요, 천사는 말했어. 그러고는 파란 슬레이트 바닥에 얼굴을 묻고 엎드려 흐느끼는 나를 그냥 두고 가버렸다.

( 블루엣 )

**20**

섹스는 아무것도 건드리지 않는다. 섹스는 언어의 쓰임새에 개입하지 못한다. 언어에 어떤 근거도 줄 수 없기 때문이다. 섹스는 모든 걸 그냥 있는 그대로 내버려둔다.

**21**

다른 꿈, 같은 시기: 바닷가 집, 환상적인 풍경. 마호가니 연회장에서 무도회가 열리고 있었고, 사람들이 서로 사랑을 나누고 싶다고 말하며 춤추듯, 우리는 춤추고 있었다. 그리고 조잡한 마법의 시간이 왔다. 주문을 걸려고 파란 물건을(공깃돌 두 개, 미니어처 깃털, 파란색 유릿조각 하나, 라피스 목걸이) 입에 물었다. 다른 사람들이 도저히 참지 못하고 우유를 흘려도 나는 그 물건들을 입에 물고 있어야 했다. 고개를 들어보니 당신은 갑자기 현상금이 걸린 수배자가 되어 작은 범선을 타고 탈출하고 있었다. 파란 물건들을 내 접시 위 흉측한 파란색 반죽 속에 뱉고 당신을 찾는 경찰 순찰선을 도와주겠다고 했지

( BLUETS )

만, 그들은 파도가 비정상적이라고 말했다. 그래서 나는 혼자 남았고 기다리는 여자로 유명해졌다. 짐승 같은 냄새가 나는 머리칼을 휘날리며 하염없이 기다리는 서글픈 동네 바보가 되었다.

**22**

그러나 정말 변하는 것들도 있다. 통조림 깡통 도색이 벗어지듯 당신의 삶을 감싼 얇은 피막도 벗어져 떨어져나갈 수 있다. 나는 그날을 아주 선명하게 기억한다. 전화를 한 통 받았다. 친구가 사고를 당했다는 전화. 내 친구가 살지 못할 수도 있다고. 얼굴이 다 망가졌고 척추가 반으로 동강났다고. 아직 움직임이 없다고. 의사는 "물에 가라앉은 돌멩이"라는 표현을 썼다. 브루클린 이곳저곳을 걸어다니다가 모퉁이에 있는 버려진 엑손모빌 주유소에서 시들시들하던 페리윙클꽃이 갑자기 피어나고 있는 걸 보았다. 내가 다니는 헬스클럽 샤워장은 벽면이 아기 똥처럼 노란색인데, 금이 간 유리창이 열려 있으면 가끔 눈발이 파들파들 날아든다. 군데군데 노란 페인트가 벗어진 자리에 꽤 괜찮은 인더스트리얼 블루가 슬쩍슬쩍 드러난다. 수영장 바닥에서 하얀 겨울의 빛이 탁한 블루에 반짝거리는 걸 보면서 그 색깔들이 더해져 신神이 되었음을 알았다. 친구의 병실로 걸어들어가던 순간, 친구의 눈은 마음을 꿰찌르는 연하늘색이었고 유일하게 움직이는 신체 부위였다. 나는 겁이 나서 죽을 것만 같았다. 내 친구도 겁에 질려 있었다. 블루가 펄떡거리고 있었다.

## 23

괴테는 어느 비평가가 "눈에 띌 만한 업적이 전혀 없는 기나긴 휴지기"라고 표현한 시기에 『색채론』을 썼다. 괴테 본인의 말을 빌리자면 그때는 "도무지 마음을 조용하고 차분하게 다스릴 수가" 없었다고 한다. 혼탁하고 어지러운 마음을 달래려 색을 찾은 사람은 괴테 말고도 또 있다. 영화감독 데릭 저먼은 시력을 잃고 에이즈로 죽어가면서 저서 『채도』를 썼다. 영화에서도 "블루 스크린" 속으로 사라지는 모습으로 자신의 죽음을 예언했다. 비트겐슈타인도 있다. 위암 투병을 하던 삶의 마지막 18개월 동안 『색채에 관한 소견들』을 썼다. 그는 자신이 죽음을 앞두고 있다는 사실을 알고 있었다. 그러면 태양 아래 존재해온 아무 철학적 논제나 마음대로 골라 논할 수 있었을 것이다. 그럼에도 하필 색깔에 대해 쓰기로 했다. 색과 고통에 대한 글을. 이 글은 대체로 다급하고 불투명하며 비트겐슈타인답지 않게 따분하다. "나는 이렇게 따분하게 쓰고 있지만, 나처럼 노쇠하지 않은 정신을 지닌 사람의 눈에는 자명해 보일지도 모른다." 비트겐슈타인은 이렇게 썼다.

**24**

"괴테의 색채 설명이 물리학적으로 말이 안 된다는 점에서, 이 영어 번역본이 재출간할 가치가 있다고 판단한 이유가 궁금할 수 있다"고 최근 한 비평가가 말했다. 비트겐슈타인은 같은 말을 다르게 표현했다. "나도 충분히 이해한다. (뉴턴 같은) 물리 이론으로는 괴테에게 동기를 부여한 그 문제들을 풀 수 없다는 것을. 물론 괴테 자신도 풀지 못했을지 모르지만." 그렇다면 괴테의 문제들이 뭐였을까?

**25**

괴테는 "넘어져서 한쪽 눈에 타박상을 입은 귀부인"의 사례에 흥미를 느꼈다. "그녀는 모든 사물, 특히 그중에서도 흰색 사물이 오색의 스팽글처럼 번쩍거리게 보였다"고 한다. 심지어 견디기 힘들 정도로 요란하게 번쩍거리기 일쑤였다. 괴테는 그 외에도 시각이 훼손되거나 변형된 사람들의 이야기를 아주 많이 들려준다. 심지어 부상의 원인이 본질적으로 심리적이거나 감정적인 경우에도 이런 상처들은 결코 치유되지 않는 것처럼 보였다. "이는 눈이 지극히 연약한 기관이며 자체적으로 치유될 수 없다는 사실을 보여준다." 괴테는 이렇게 썼다.

( BLUETS )

**26**

친구가 사고를 당한 뒤로, 나는 한쪽 눈에 멍이 든 귀부인과 반짝거리는 흰색의 사물들을 좀더 자주 생각하게 되었다. 그런 현상이 내게도 일어날 수 있을까? 흰색 대신 파란색으로? 신경학적으로 어떻게, 왜 그렇게 되는지는 몰라도 색약이 우울증을 일으킨다는 얘기를 들어본 적이 있다. 그렇다면 색깔을—아니, 더 기이하게도 단 하나의 색깔만—더 날카롭게 보게 되는 건, 어떤 병의 증후일까? 조증? 편집증? 경조증? 충격? 사랑? 애도?

**27**

하지만 진단이 문제를 다른 말로 풀어쓴 것에 불과하다면 굳이 진단에 신경쓸 이유가 뭐란 말인가?

**28**

그맘때쯤 처음 그런 생각을 했다. 우리가 섹스를 잘하는 건 그

( 블루엣 )

가 수동적인 탑top 이고 내가 능동적인 바텀bottom 이기 때문이라고. 입 밖에 내어 말한 적은 없지만 생각은 자주 했었다. 섹스 이외의 일에서 그게 얼마나 진실되고, 얼마나 고통스러울지는, 전혀 알지 못했다.

**29**

색깔이 치료는 못 해도 최소한 희망을 줄 수는 있지 않을까? 예를 들어, 까마득하게 오래전 당신이 아프리카에서 보낸 파란색 콜라주는 내게 희망을 심어주었다. 솔직히 말하자면 그게 그 블루들의 색감 때문은 아니었다.

**30**

색깔이 희망을 줄 수 있다면, 절망을 안겨줄 수도 있다는 말일까? 블루라는 빛깔 덕분에 갑자기 희망을 느낀 적은 여러 번 있었지만(자동차를 타고 절벽 길을 달리다가 급회전을 했는데 눈앞에 문득 바다가 펼쳐졌을 때. 남의 집 화장실이 당연히 흰색일 거라고 생각하고 불을 켰는데, 사실은 로빈에그 블루▼였을 때. 윌리엄스버그 다리 위, 시멘트에 콕콕 박혀 있는 네이비블루 병뚜껑들을 우연히 발견했을 때. 멕시코 유리공장 야외에서 파란 유릿조각들이 산더미처럼 쌓여 반짝이는 광경을 보았을 때) 지금 이 순간, 블루로 인해 절망을 느껴본 기억은 하나도 떠오르지 않는다.

### 31

그러나 각막혼탁으로 쉰두 살에 각막 이식을 받은 시드니 브래드퍼드 씨의 경우를 생각해보자. 시력을 되찾은 그는 뜻밖에도 깊은 수심에 잠기고 말았다. "그는 세상이 우중충하다고 느꼈고 벗어져 떨어지는 페인트와 그 밖의 흠집들에 기분이 나빠졌다. 밝은 원색을 좋아했지만 그는 원색이 빛바래면 우울해졌다." 시력을 되찾고 총천연색 세상을 보게 된 후 얼마 되지 않아 그는 "불행으로 허우적거리다가 죽어버렸다".

▼ robin-egg blue, 울새가 낳는 알 빛깔의 선명한 하늘색.

## 32

내가 말하는 "희망"은 특별한 지향점이 있는 희망이 아니다. 그저 눈을 크게 뜨고 바라볼 가치가 있다는 의미 정도다. "저 밖에 있는/ 흐릿한 것들은 다 무엇이지?/ 나무? 글쎄, 나는 지겹구나,/ 저것들이." 윌리엄 카를로스 윌리엄스의 영국 할머니가 마지막으로 남긴 말이다.

## 33

솔직히 세상의 모든 블루에 설레는 건 아니다. 무광의 터키석에는 별로 관심이 없고, 미적지근하고 빛바랜 인디고에도 전혀 끌리지 않는다. 파란 물건에 마음이 동하지 않으면 내가 완전히 절망하거나 죽어버릴까봐 걱정이 될 때도 있다. 그래서 열렬한 애정을 가장하기도 한다. 어떤 때는 깊고 깊은 내 애정을 다 전할 수 없을까봐 두렵기도 하다.

( BLUETS )

**34**

청색맹: 파랑을 지각하지 못하는 상태. 틀림없이 생지옥일 것이다. 세상이 온통 청색 필터를 낀 것처럼 보이는 부작용이 있다는 비아그라로 교정할 수도 있다고는 하지만. 이 얘기는 내 바로 맞은편 연구실에 있는 송사리 갱년기 전문가가 해준 얘기다. 남성 성기 속의 단백질이 망막 단백질과 유사한 점이 있다는데 그 이상은 들어도 이해가 되지 않았다.

**35**

파란 눈으로 보면 세상이 더 파랗게 보일까? 그렇지 않을 가능성이 높지만 그냥 그렇다고 생각하련다(자기만족으로).

**36**

괴테는 블루를 활기차지만 기쁨이 없는 색이라고 묘사한다. "블루는 활력을 불어넣기보다는 불안을 조장한다고 한다." 블

( 블루엣 )

루와 사랑에 빠진다면 불안을 사랑하게 되는 걸까? 아니면 그 사랑 자체가 불안인 걸까? 아니, 본질적으로 사랑을 돌려줄 수 없는 대상과 사랑에 빠지는 건 대체 어떤 종류의 광기일까?

**37**

블루가 사랑을 돌려주지 못하는 게 확실해? 사람들은 묻고 싶어할 것이다.

**38**

색이 무엇인지, 어디에 있는지, 있기는 한지 정말로 아는 사람은 아무도 없다. (색이 죽을 수도 있을까? 색에도 심장이 있나?) 예컨대 양귀비 꽃잎 속으로 파고드는 한 마리 꿀벌을 생각해보자. 우리 눈에는 오렌지색 꽃으로 보이지만 벌은 쩍 벌어진 거대한 보랏빛 아가리를 볼 것이다. 우리는 그 꽃이 오렌지색이라고 믿고 우리가 정상이라고 생각한다.

( BLUETS )

### 39

백과사전도 도움이 되지 않는다. "보통 색을 인식할 때 '허위의식'이 개입된다고 하는데 그렇다면 색을 생각하는 올바른 방식은 무엇일까?" 백과사전은 이런 질문을 던진다. "다른 경우와 달리 색의 경우에 허위의식은 축하할 일이라 하겠다."

### 40

내가 색과 희망, 혹은 색과 절망을 말할 때는 신호등의 빨강, 임신테스트기의 타원형 흰색 부직포에 나타나는 페리윙클꽃처럼 새파란 줄, 또는 돛대에 걸린 검은 돛▼을 말하는 게 아니다. 의미와는 별개로, 블루가 무엇을 뜻하는지, 내게 무슨 뜻인지를 말하려는 것이다.

▼  리하르트 바그너의 악극 〈트리스탄과 이졸데〉에서 치명적인 병을 얻은 트리스탄은 마지막 희망으로 이졸데를 기다린다. 그녀가 배를 타고 오면 흰 돛을 올리고 아니면 검은 돛을 달고 오기로 약속을 했는데, 비극적인 오해로 흰 돛을 검은 돛으로 잘못 안 트리스탄은 절망과 슬픔으로 죽는다. 검은 돛은 최후의 희망이 좌절된 참담한 슬픔의 상징이다.

( 블루엣 )

**41**

밀레니엄 전야에 달의 계곡 the Valley of the Moon 을 가로질러 달렸다. 라디오에서 디제이가 금세기 최고의 앨범들을 소개하고 있었고, 거기, 대충 30위 정도 순위에, 조니 미첼의 〈블루〉가 있었다. 디제이는 같은 앨범의 〈리버〉를 틀면서 이 곡의 위대함은 이토록 뚜렷하고 당당하게 이런 말을 한 여자가 이전에는 아무도 없었다는 데 있다고 말했다. 나는 정말 다루기 어려운 여자야, 나는 이기적이고 슬퍼. 이게 바로 진보지! 나는 생각했다. 그런데 바로 그다음 가사가 나왔다. 나는 누구보다 사랑했던 최고의 연인을 잃어버리고 말았어.

**42**

작시법 강의를 시작하기 전에 연구실에 앉아서 당신을 생각하지 않으려고, 당신을 잃고 말았다는 생각을 하지 않으려고 애써. 하지만 어떻게 그럴 수가 있어? 어떻게 그럴 수가 있지? 내가 너무 우울해서 blue 당신이 힘들었던 걸까. 당신에겐 내가 너무 우울해 보였던 걸까. 강의 노트를 내려다본다. 하트브레이크 heártbréak 는 하트와 브레이크 모두에 강세가 들어가는 강강격이다. 그러다 나는 고개를 책상에 묻고 울기 시작해. 어째서 이런 게 아무 소용이 없을까?

## 43

교수회의가 열리기 전에 또 송사리 갱년기 전문가와 다시 이야기를 나눈다. 생물학자들은 이 질문을 어떻게 생각해? 색채는 존재하는 걸까? 내가 묻는다. 저런, 하고 그가 말한다. 짝을 찾는 수컷 송사리는 색채가 존재하는지 존재하지 않는지 그런 걱정은 하지 않아. 그가 말한다. 수컷 송사리는 암컷을 꼬드겨야 하니까 오렌지색이 되는 데만 신경쓸 뿐이지. 하지만 송사리가 정말로 오렌지색이 되려고 애쓰기는 할까? 내가 묻는다. 아니지. 그가 시인한다. 수컷 송사리는 그냥 오렌지색인 거야. 왜 하필 오렌지색이야? 내가 묻는다. 그가 어깨를 으쓱한다. 어떤 질문에 맞닥뜨리면 말이야, 하고 그가 말한다. 생물학자들은 어서 그 자리를 피하는 것 말고는 할 수 있는 일이 없어.

**44**

송사리 갱년기 전문가와 이 대화를 나눈 바로 그날 오후 심리치료사가 이런 말을 해준다. 그 남자가 거짓말을 한 게 아니라면, 원래 좀 다른 사람이었을 수도 있어요. 치료사가 내게 해주고 싶었던 말은 이러했다. 내가 있는 그대로 온전히 그 남자를 사랑했다고 생각할지 몰라도, 사실은 과거에도, 아니 지금도, 그의 진짜 모습을 보지 못했을 거라고.

**45**

그 말이 내게는 깊은 아픔으로 맺힌다. 치료사는 왜 그렇게 고통스러운지 이유를 말해보라고 압박한다. 답하지 못한다. 그 대신 나는 임상심리학이라는 학문이 우리가 사랑이라 부르는 모든 걸 병증이나 망상이나 생물학적으로 해명할 수 있는 무

( BLUETS )

언가로 억지로 환치하려 한다고 대꾸한다. 내가 느끼는 이 감정이 사랑이 아니라면, 정말로 나는 사랑을 모르거나, 혹은 더 간단하게 말하면, 내가 나쁜 남자를 사랑했었다는 걸 인정할 수밖에 없다고. 그 모든 공식이 사랑이란 감정에서 블루의 색을 싹 빼내버리면, 결국 부엌 도마 위에서 펄떡거리는 추하고 핏기 없는 생선 한 마리에 불과하지 않겠느냐고.

**46**
그런 걸 인정할 수는 없어, 라고 침묵이 말한다.

**47**
세상에 착한 사기꾼이라는 게 있나? 거대한 옥외 광고판과 유령 같은 종려나무들이 숲처럼 빽빽하게 늘어서 있는 대로, 이제는 내 삶의 일부가 되어버린, 불빛이 쏟아지는 판판한 대로 위를 자동차로 달리면서 문득 궁금해졌다.

( 블루엣 )

**48**

예를 들어 상상해보자. 직업적으로 몸을 팔듯 섹스를 하는 사람이 있다고 치자. 전문적으로, 능숙하게. 당신에게 삽입하는 그 사람이 보인다. 거울로, 언제나 거울에 비쳐서, 1미터쯤 떨어져서. 절대로 대낮의 햇살은 받지 않는, 푸른 조명이 비추는 아파트에서. 이 사람은 언제나 당신의 뒤에서 파란 불빛을 받으며 삽입을 하고, 당신들은 둘 다 이 일에 몹시 능란해 보인다. 집중하고 있고, 행위에 몰입하고 있다. 세상에 신이 내린 수많은 행위 가운데 몸으로 할 줄 아는 건 오로지 이렇게 삽입하고 삽입당하는 일밖에 없는 것처럼, 어두침침한 파란 불빛 속에서, 거울 속에서, 섹스를 한다. 이런 식으로 섹스하는 사람을 뭐라고 부를까?

**49**

그런 섹스 속에 색이 있지만, 그것은 블루가 아니다.

50

색이 무엇인지, 어디에 있는지, 과연 있기는 한지, 수천 년 동안 이 현상을 파봤지만 혼란은 지속된다. 말 그대로, 팠다. 열정이 넘친 뉴턴은 케임브리지 트리니티 칼리지의 "암실"에서 가끔 쇠막대기나 막대로 자기 눈을 찌른 다음 색채가 어떻게 지각되는지 분석하곤 했다. 시각이 훼손된 아이들은 잃어버린 색채 감각을 되찾기 위해 손가락으로 세게 자기 눈을 내려치곤 한다고 알려져 있다. (용감하기도 하지!)


51

사물에 색이 있는 것처럼 행동할 수도 있다, 라고 백과사전에 쓰여 있다—뭐, 마음 내키는 대로 하면 되겠지. 하지만 안 그런 것처럼 행동하려면 어떻게 해야 할까?


52

색채가 어떤 하나의 물리적 현상에서 나온 것처럼 말하지 않

( 블루엣 )

앉으면 좋겠다. 다양한 표면, 부피, 광원, 필름, 범위, 견고성, 용해도, 온도, 가소성, 이런 것들이 색에 일으키는 효과를 모두 염두에 두자. 색을 발산하고 반사하고 흡수하고 전달하거나 굴절시킬 수 있는 사물의 능력을 한번 생각해보라. "빛이 깃털에 작용하는 방식"도 생각해보라. 물웅덩이의 색깔은 무엇일까, 자문해보라. 집에 있는 블루 소파는 한밤중 물을 마시러 주방에 가다가 지나칠 때도 여전히 블루인가? 아침에 우리가 깨지 않아도, 방안에 들어와 그 소파를 보는 사람이 아무도 없어도 블루인가? 우리는 생후 15일이 지나면 색깔을 구별하기 시작한다. 그리고 그후로 평생, 약시가 되거나 시력을 잃는 경우만 아니라면, 이 모든 현상을 한꺼번에 대면하게 될 테고, 빛을 발하는 이 총체적인 덩어리를 "색"이라고 부를 것이다. 심지어 본질적으로 은은히 빛을 내는 것으로부터 색깔이 있는 형상들을 만들어내는 게 눈이 하는 일이라고 말할 수도 있다. 이 덕분에 우리는 세상을 "돌아다닐" 수 있게 된다. 어떤 이들은 또한 그것을 우리 수난의 근원이라 부를지도 모른다.

### 53

"우리는 대체로 경험적 특성이 어떤 물리적 사물의 내재적 특성이라고 가정한다."—이것이 이른바 색채라는 체계적 착각이다. 아마 사랑도 마찬가지일 것이다. 그러나 그 얘기는 할 생각이 없다, 적어도 아직은. 나는 당신을 믿었으니까.

### 54

파동이나 입자가 있기 오래전에, 어떤 이들은(피타고라스, 유클리드, 히파르코스) 우리 눈이 어떤 빛나는 물질을 발산해서 우리가 보는 것을 "감지"한다고 생각했다. (아리스토텔레스는 이 가설이 밤이 되면 난항에 부딪힌다는 점을 지적했다. 이러한 눈의 능력에도 불구하고 사물이 보이지 않기 때문이다.) 에피쿠로스 같은 다른 이들은 반대의 가설을 제시했다. 사물이 우리 눈을 향해 뻗어오는 어떤 광선을 발사한다는 것이다. 마치 사물이 우리를 응시하는 것처럼(그리고 실제로 일부는 그러하다). 플라톤은 그 차이를 구분하고 "시각적 불"이 우리 눈과 우리가 보는 사물 사이에서 타오른다고 설명했다. 여전히 이 진술은 충분히 공정해 보인다.

### 55

지식인에 대한 이미지 하나: 치욕(오이디푸스) 때문이 아니라 더욱 명징하게 사유하기 위하여(밀턴) 시력을 잃은 한 남자. 젠더와 관련해서 일반론은 피하려 하지만, 솔직히 말해서 그런 상황을 대변하는 여성적 지성의 사례는 도저히 떠오르지 않는다. "정신의 사산, 이 순수함."(W. C. 윌리엄스)

### 56

그러나 순결을 지키기 위해, 오로지 하느님이나 그리스도를 바라보는 "눈"밖에 없다는 사실을 증명하기 위해 자신의 눈을 멀게 하는 여자들—특히 성녀들—의 이야기는 차고 넘친다. 예를 들어 맹인의 수호 성녀인 성 루치아의 전설을 생각해 보자. 이 루치아라는 이름은 "명백한, 찬란하게 빛나는, 이해

( BLUETS )

할 수 있는"이라는 의미다. 한 가지 명백한 사실은 304년 루치아가 로마 황제 디오클레티아누스의 손에 고문을 받다 죽임을 당했고, 이후 기독교 성인의 반열에 올랐다는 것이다. 반면 명백하지 않은 사실 하나는, 고딕 르네상스 회화에서 도대체 왜 멀뚱하게 뜬 자신의 파란 눈알을 황금 접시에 받쳐들고 있는 모습으로 나오는지 모르겠다는 점이다. 혹자는 고문을 당해 순교하는 과정에서 눈알이 머리에서 빠져나왔다고 한다. 또다른 이들은 매음굴에서 능욕하라는 이교도 황제의 선고를 받은 그가 스스로 자기 눈알을 파냈다고도 한다. 심지어 (아일랜드의) 메다나 성녀와 (스코틀랜드의) 트리두아나 성녀에 얽힌 쌍둥이처럼 꼭 닮은 두 전설은 더 불분명하다. 이 두 기독교 공주들은 모두 원치 않게 이교도들의 구애를 받는데, 그들을 사랑하는 이 이교도들은 연인의 그 아름다운 파란 눈 없이는 살 수 없다고 말한다. 달갑잖은 주목을 받기 싫었던 메다나는 자기 눈알을 뽑아 구애하는 이교도의 발치에 던졌다. 트리두아나 쪽은 조금 더 창의적으로, 가시나무로 자기 눈알을 찍어 꼬

치처럼 꿴 다음 구애하는 남자에게 보냈다.


57
종교적으로 설명하자면 이 여성들은 신체를 훼손함으로써 신에 대한 충심을 선언한다. 하지만 다른 시각으로 해석해보면, 사실 그들도 남자를 욕정이 담긴 눈으로 바라보았고, 더이상의 유혹을 피하기 위해 극단적인 조치를 내려야 했던 건 아닐까, 그래서 스스로를 벌준 게 아닐까 생각하게 된다.


58
"사랑은 추악하기 짝이 없기에 연인들이 자신들이 하는 짓의 실체에 눈을 뜨는 순간 인류는 멸망할 것이다."(레오나르도 다빈치)


59
그러나 보는 것을 좋아하는 이들이 있다. 그리고 우리는 아직 여성의 시선에 관한 이야기를 충분히 듣지 못했다. 눈은 머리에 있지만 그 시선으로 얼마나 까맣게 그슬릴 수 있는지. "나는 잠재력이 보이는 남자의 성기를 빤히 바라보는 걸 좋아한다." 카트린 밀레는 아름다운 섹스 회고록에서 이렇게 쓰고 나서, "갈색빛 도는 분화구" 같은 자신의 항문과 "진홍빛 골짜기" 같은 자신의 음문이 섹스를 하기 위해 활짝 벌어진 모습을 보고 있으면 얼마나 좋은지를 묘사한다.

## 60

나도 보는 걸 좋아한다. "루치아 성인이여, 당신께서는 당신의 빛을 바구니 속에 숨기지 않았습니다." 어떤 천주교 기도문은 이렇게 시작된다.

## 61

『블루라는 것 On Being Blue』이라는 책에서 윌리엄 개스는 우리 독자들이 실제로 원하는 바는 "사생활 침투"라고 말한다. "우리는 치맛자락 속을 들여다보고 싶어한다." 그러나 이런 침투는 결국 싫증이 나게 만들고야 만다. 심지어 자기 자신까지도. "붉은 팬티 자국과 엉덩이에 난 뽀루지와 라벤더색 지문처럼 터진 모세혈관, 하루종일 밟혀 있었던 털로 덮인 음부까지 전부 봐야 한다면, 여성의 음모를 엿본다 한들 무슨 소용이 있을까? 그런 건 집에서도 볼 수 있는데." 우리가 삶에서 원하는 블루는 사실상 픽션에서만 찾을 수 있다고 주장한 개스는 작가에게 이렇게 충고한다. "이 세상의 파란 사물들은 포기하고 그 사물들을 말하는 단어들을 추구하라."

## 62

이것은 에로스가 아니라 청교도주의다. 나는 백옥 같은 엉덩이나 에어브러시로 칠한 듯 매끈한 보지를 훔쳐보거나 당신에게 보여주는 데에는 전혀 관심이 없다. 최악으로 꼴불견인 자세와 가차 없는 조명 아래에서 드러나는 두툼하고 핏발 선 음경으로 세 개의 구멍을 가득 채우는 데 관심이 있다. 나는 이

( BLUETS )

세상의 파란 사물들과 그걸 말하는 단어들 중에서 하나를 선택하지 않을 것이다. 당신은 꼬챙이를 달구고 제단에 눈알을 바칠 준비를 해도 좋다. 당신 손해니까.

### 63

일반적으로 말해 나는 파란 것들을 일부러 물색하지 않고, 돈을 주고 사지도 않는다. 내가 애지중지하는 파란 것들은 선물, 아니면 풍광 속에서 문득 찾은 놀라운 것들이다. 예를 들어, 이번 여름 북부 지방에서 파낸 돌멩이들. 하나같이 가운데에 밝은 파란색 줄이 신비스럽게 칠해져 있다. 또 오래전, 우리가 서로 잘 알지도 못하던 시절, 당신이 포장지로 고이 싸서 내게 가져다준 네이비블루 날염안료.

### 64

그 무렵이었다. 내가 블루로 유명한 장소들로 여행을 계획하기 시작했던 게. 고대에 인디고와 대청을 생산하던 곳, 샤르

( 블루엣 )

트르대성당, 스카이섬,▼ 아프가니스탄의 청금석 광산, 스크로베니 예배당,▼▼ 모로코, 크레테. 나는 지도를 만들고 색색의 핀을 꽂았다. 그러나 돈이 없었다. 그래서 이곳저곳 연구 지원금을 끝없이 신청하면서 블루를 탐험하는 원정이 얼마나 흥미진진하고 독창적이고 꼭 필요한지 설명하고 또 설명했다. 한번은 보수적인 아이비리그 대학에 보낼 지원서를 쓰는데, 밤늦게 쓰다가 나 자신과 내 프로젝트가 이교적이고 쾌락주의적이며 색정적이라고 적은 적도 있다. 결국 기금은 한 푼도 얻어내지 못했다. 내 블루들은 그냥 우리 동네에 남았다.

▼  스코틀랜드 북서부에 있는 섬. 아일 오브 스카이 Isle of Sky 라는 위스키를 생산하는 유서 깊은 증류소가 있는데, 이 위스키의 세라믹병은 파란색으로 유명하다.
▼▼  Scrovegni Chapel, 악독한 고리대금업자였던 스크로베니의 아들이 아버지의 죄를 용서받기 위해 헌당한 개인 예배당. 지오토 디 본도네가 그린 프레스코 벽화와 천장화의 파란색이 아름답기로 유명하다.

( BLUETS )

### 65

파란 염색약 포장지에 인쇄된 사용법. 블루를 천에 쌉니다. 마지막으로 헹구는 물에 블루를 쥐어짜면서 휘젓습니다. 염색할 물건을 하나씩 따로 잠시 동안 담급니다. 물건을 계속 흔듭니다. 나는 이 사용법이 좋았다. 나는 계속 움직이는 블루들이 좋다.

### 66

몇 주 동안 우리집 밖에서 계속 내 눈에 걸리던 파란 얼룩을 어제 집어들었는데, 알고 보니 흰개미를 잡는 끈끈이였다. 블루들이 가끔 그러듯, 끈끈이는 놀리 메 탄게레▼라고 말했다. 그래서 그냥 땅바닥에 놓고 왔다.

▼ Noli Me Tangere, '내게 손대지 말아요'라는 뜻으로 토머스 와이어트 경이 영어로 번역한 페트라르카의 소네트에 나오는 라틴어 구절이다. 사냥이 금지된 카이사르의 숲에 사는 사슴의 목에 이 구절이 걸려 있다.

### 67

수컷 새틴바우어새였다면 그걸 가만두지 못했을 텐데. 새틴바우어새라면 부리로 물고 자신의 '정원', 아니 일부 현장 가이드들의 표현대로 '밀회의 장소'로 가지고 갔을 텐데. 새틴바우어새들은 암컷을 유혹하기 위해 자신의 정원을 파란 물건들로 꾸미는 데 몇 주일씩 매달린다. 파란 물건들—버스표, 매미 날개, 파란 꽃, 병뚜껑, 심지어 필요하다면 자기보다 작은 파란 새를 잡아서 깃털까지 뽑아온다—을 수집하고 예쁘게 늘어놓을 뿐 아니라 해지고 풀어진 나뭇가지 끝을 붓 삼아 파란색 과일의 즙으로 정원을 칠하기까지 한다. 서로 경쟁적으로 정원을 꾸미다가, 다른 새들에게서 보물을 훔쳐오기도 하고 가끔은 남의 정원을 완전히 망쳐버리기도 한다.

### 68

정원을 완성하고 나면, 새틴바우어새는 반짝이는 노란 짚으로 근처에 무대를 세우고 그 위에 올라가 지나치는 암컷들을 향해 노래하고 춤을 춘다. 집짓기와 공연에 노련한 수컷이라면 한 철에 많으면 서른두 마리의 암컷과도 교미할 수 있다. 쇼가 훌륭하고, 근사한 블루를 많이 넣어서 정원을 지었다면, 노란 짚과 확실한 대조를 이루어 좋은 결과를 얻는다. 경험이 부족한 새들은 한 마리도 유혹하지 못하는 경우도 있다. 암컷은 한 철에 딱 한 번 교미한다. 그리고 혼자서 알을 품는다.

### 69
나는 이 파란 정원들을 사진으로 볼 때마다 주체할 수 없는 욕망에 휩싸여서, 혹시 내가 종을 잘못 타고난 게 아닐까 고민한다.

### 70
이런 "명제"들을 품은 채, 나는 그런 유혹의 정원 같은 걸 지으려 애쓰고 있는 걸까? 하지만 그건 분명히 실수일 텐데. 일단 말은 그 말이 가리키는 대상과 전혀 닮지 않았으니까.(모리스 메를로퐁티)

### 71

노력하고 있다. 꽤 오랫동안, 외로움 속에서 품위를 찾으려고. 내게는 힘든 일이다.

### 72

물론, 고독에서 품위를 찾는 건 조금 더 쉽다. 외로움은 문제가 있는 고독이다. 블루가 문제를 해결해줄까, 아니 적어도 외로울 때 곁에 있어줄까?—아니, 블루는 나를 그런 식으로 사랑할 수는 없다. 블루에는 팔이 없으니까. 하지만 가끔 블루의 존재 자체가 장난스러운 윙크라는 느낌을 받는다—다시 왔구나, 하고 블루는 말한다. 나도 그래.

### 73

뉴턴은 저서『광학』에서 "암실" 벽에 뚫린 구멍으로 들어오는 햇살의 굴절 실험을 돕는 중요한 역할을 맡은 "조수"를 주기적으로 언급한다. 이 조수는 뉴턴의 스펙트럼 발견, 혹은 시현을 보조했다. 그러나 시간이 흐르면서 과연 그가 실재하는 인물인지 의문을 제기하는 사람들이 늘어났다. 이제는 많은 사람들이 이 조수가 본질적으로 "수사적 허구"라고 믿는다.

74
오늘날, 실체가 없는 조수와 함께 "암실" 벽 구멍으로 흘러들어오는 빛을 지켜보고, 잃어버린 색채 감각을 복원하기 위해 자기 눈을 때리고 밤새도록 자지도 않고 벽을 가로질러 떠다니는 색색의 그림자들을 관찰하는 이는 누구인가? 나는 이 모든 걸 다 해봤지만 과학이나 철학, 심지어 시에 나를 바치고자 한 건 아니었다.

75
대체로 슬픔의 하수인이 되어가는 느낌이 들었다. 여전히 슬픔에서 아름다움을 찾고 있다.

( 블루엣 )

## 76

라피스는 상당히 오랫동안 전 세계에서 단 하나의 광산에서 생산되었다. 현재 우리가 아프가니스탄이라고 부르는 곳—보석의 산지, 사르에상 Sar-e-sang—이었다. 수백 킬로미터에 달하는 위험천만한 무역통상로를 거쳐야만 갈 수 있는 곳. 그래서 언젠가부터 서구인들은 라피스의 울트라마린의 대용품으로 피와 구리를 써서 값싼 안료를 생산하기 시작했다. 일반적으로 우리는 이제 그런 짓도 그만두었다. 돼지 방광에 기름을 보관하지도 않는다. 그냥 가게에 간다. 안내섬광▼이 뭔지 알고 싶다고 눈알을 자기 주먹으로 때리지도 않는다. 그냥 그 단어를 구글로 검색한다. 우울하면 알약을 삼킨다. 그중에는 밝은 파란색 알약들도 있다. 외로우면 크레이그리스트▼▼ 인터넷 사이트를 보면 된다. 두 블록 떨어진 거리에 사는 남자가 한 시간 정

▼ phosphene, 안구에 압력을 가했을 때 순간 번쩍이는 빛.
▼▼ Craigslist, 구인구직 광고나 부동산 임대, 매매 광고 등이 주로 실리는 지역신문.

도 시간이 남는다면서 자기 성기가 당나귀보다 더 크다고 한다. 그 증거로 사진도 올려놓았다.

### 77
"나는 어째서 외로움을 느껴야만 할까? 우리 행성은 은하계에 있지 않은가?"(소로)

### 78
언젠가 이브 클랭의 파란색 회화들을 보러 런던 테이트갤러리까지 간 적이 있다. 이브 클랭은 자기만의 고유한 울트라마린색을 발명해 특허를 냈다. 바로 인터내셔널 클랭 블루 International Klein Blue, IKB다. 그리고 "레포크 블뢰"▼라고 스스로 명명한 인생의 한 시기 내내 이 색으로 캔버스와 사물을 칠했다. 테이트갤러리에 진열된 이 파란색 회화들, 아니 명제들 앞

▼ L'Epoque Bleu. 청색 시대라는 뜻.

에 서 있자니 그 블루가 내뿜는 뜨겁고도 뜨거운 빛이 마치 내 눈알을 만지는 것처럼, 심지어 아프게 쑤시는 것처럼 느껴졌다. 하지만 나는 공책에 딱 한 구절밖에 쓰지 못했다. 너무 지나쳐. 이걸 보러 이 먼 길을 왔는데 제대로 볼 수도 없었다. 깨달음은 궁극의 실망이라는 부처의 말을 나도 모르게 스치듯 실감했던 것 같다. "산에서 보면 산이 보인다"고 에머슨은 썼다.

### 79

블루를 사랑한다고 일평생 블루만의 세상에서 살고 싶다는 이야기는 아니란 말이다. "삶은 구슬을 꿰어 만든 목걸이처럼 알알이 엮인 다채로운 기분의 연속이고, 차례차례 하나씩 헤쳐나가다보면 알알의 렌즈가 세상을 각기의 색깔로 칠하고 오로지 그 렌즈로 초점을 맞춰야 볼 수 있는 것들을 보여준다." 에머슨의 글이다. 색을 막론하고 하나의 구슬 속에 갇혀버린다면 치명적일 것이다.

( BLUETS )

### 80

내가 들은 얘기: 사르에상 광산이 고갈되면(지역 주민들은 2000년에 광산 입구에 있던 거대한 불상 두 개를 폭파한 탈레반의 억압적 정권 치하에서 오랜 기간 채굴량이 줄어들었다고 말한다―이 불상들의 머리를 장식한 파란색 후광은 지구상 최초로 라피스로 조각되었다고 한다―그후 이어진 미국의 폭격으로 인한 피해는 오직 신만이 아실 것이다) 광부들은 "블루러시"▼가 터지기를 바라며 다이너마이트로 광맥을 뚫으려 한다.

### 81

내가 아는 사실: 당신을 만났을 때 블루러시가 시작되었다. 당신이 알아주면 좋겠다. 이제 나는 당신을 원망하지 않는다는 걸.

▼   골드러시에 빗댄 말.

## 82

잠깐씩이긴 해도 나는 다른 구슬들 속에서도 살아보려 노력했다. 유달리 스산했던 뉴욕의 어느 겨울, 앨런가(街)의 철물점에서 밝은 노랑 페인트 한 통을 사면서 이 명랑한 색채로 영혼의 사기를 북돋는 상상을 했다. 집에 돌아와서 페인트통 뚜껑을 따고 나서야 상점에서 엉뚱한 색깔을 받아왔다는 걸 알았다. 아니 어쩌면 딱 맞는 색이었을지도 모른다. 아무튼 집에서 보니 흉측하기 짝이 없는 색이었다. "뜨끈하게 데운 죽음" 같았다. 끔찍한 노랑, 궁극의 분노를 표현하는 노랑이었다. 나중에 알게 된 사실이지만 세상 거의 모든 문화에서 노랑을 별개의 색으로 취급한다. 최악은 아니라도 매력이 없는 색이다. 나는 집안을 온통 그 색으로 칠했다.

## 83

그리고 노란색 테마를 이어가려 애썼다. 황색 저널을 한 권 샀다. 그리고 관통하는 슬로건을 그 표지 위에 썼다. 거짓말하지

마라. 너희가 싫어하는 일을 하지 마라. 모든 것은 천국 앞에서 드러나기 때문이다.▼

84

난 그 시절이 싫었고 그 아파트가 싫었고 모든 걸 노랗게 칠하고 나서 바로 이사를 나와버렸다. 수십 군데 아파트를 보다가 어떤 복도에 들어서는 순간 바로 짐을 싸서 들어갔다. 거기 살 수 있겠다는 걸 보자마자 알았다. 집값도 쌌지만 복도가 베이비블루였다. 내 친구들은 하나같이 지난번 아파트와 똑같은 악취가 난다고 했지만 나는 문지방에서 인물 쪽이 위로 놓인 동전▼▼을 발견했다. 어쨌든 지금은 거기 살지 않는다.

85

2006년 어느 날 오후, 로스앤젤레스의 어느 서점에서 『깊디깊

---

▼　신약성서 외경인 도마복음 Gospel of Thomas 6장 2절부터 4절.
▼▼　행운의 상징을 의미한다.

( 블루엣 )

은 블루The Deepest Blue』라는 책을 집어든다. 색에 대한 논문을 기대했던 나는 부제를 보고 당황한다. 여성이 우울증을 대면하고 극복하는 방법. 재빨리 책을 책장에 도로 갖다놓는다. 그러고는 여덟 달 후에 온라인으로 주문했다.

**86**

제목의 함의는 남자들도 우울을 느끼지만 특히 여자들이 깊디깊은 우울을 경험한다는 것이다. 물론 형태만 달리한 과장이다. 하지만 그걸 보니 수년 전 브루클린의 응급실에서 보냈던 하룻밤이 떠올랐다. 원인 모를 이유로 왼쪽 옆구리가 타들어가듯 아팠다. 대기실에서 어떤 여자가 프라이드치킨을 먹고 배에 가스가 찼다며 슬피 울고 있었다. 하지만 누가 봐도 프라이드치킨이나 가스가 아니라 마약과 슬픔으로 인해 엉망이었다. 진료실 안에서 젊은 의사가 내게 통증에 1점에서 10점 사이로 점수를 매겨보라고 말했다. 나는 어쩔 줄 몰랐다. 그냥 내가 거기 있으면 안 될 것만 같았다. 그래서 "6"이라고 말했다.

의사는 간호사에게 "8"이라고 적으라고 지시하면서 여자들은 언제나 통증을 과소평가한다고 말했다. 남자들은 늘 "11"이라고 말한다는 것이다. 전적으로 믿지는 않았지만, 그 의사는 뭔가 아는 사람일지도 모르겠다고 생각했다.

### 87

"위대한 시련, 환희, 분발은 여자의 몫이 아니다. 여자의 삶은 남자의 삶보다 더 행복하지도 덜 행복하지도 않게, 좀더 조용히, 사소하게, 부드럽게 흘러가야만 한다." 쇼펜하우어의 말이다. 대체 어떤 여자들을 알고 살았을까, 궁금해진다. 어쨌든, 그랬으면 좋겠다는 거겠지.

### 88

자가치료 서적들이 대체로 그렇듯 『깊디깊은 블루』 역시 끔찍하게 단순화된 언어와 솔직히 인정하지 않을 수 없는 일부 좋은 충고들의 향연이다. 아무튼 이 책에 나오는 여자들이 결국

배우게 되는 말은 이거다. 이런 말을 하는 건, "내가" 아니에요. 우울증이에요.

### 89

홍채에서 색깔을 벗겨내도 여전히 볼 수 있다는 말이나 뭐가 다른지.

### 90

어젯밤처럼 울어본 건 정말 오랜만이었다. 울다 늙을 정도로 울었다. 거울을 보니 정말로 그사이 늙어 있었다. 활짝 퍼지는 햇살처럼 눈가에 주름이 지는 게 보였다. 창턱의 꽃이 때가 되어 만개하는 모습을 초고속 영상으로 보는 기분이었다. 눈물은 얼굴을 더 나이들게 했을 뿐 아니라 얼굴의 질감도 바꾸었다. 뺨의 피부가 퍼티처럼 퍼석했다. 데카당스의 통과의례라는 건 알아차렸지만 멈추는 법을 알지 못했다.

( BLUETS )

### 91

블루아이 blue-eye, 옛말: "울거나 다른 이유로 생긴 눈가의 파란 멍울, 또는 다크서클."

### 92

결국 나는 한 친구에게 자꾸만 울음이 터진다고 자세히 털어놓았다. 그 강도와 빈도도 솔직히 말했다. 친구는 (친절하게도) 우리가 가끔 거울을 보고 우는 건 자기연민을 덧나게 하려는 게 아니라 절망에 빠진 나를 누군가 바라봐주고 있다는 느낌을 받고 싶어서라고 말해주었다. (거울에 비친 모습이 목격자가 될 수 있을까? 해면 sponge 에 신 포도주 vinegar 를 적시어 갈대에 꿰어 나 자신에게 줄 수 있을까?▼)

▼ 마가복음 15장 36절: 한 사람이 달려가서 해면에 신 포도주를 적시어 갈대에 꿰어 마시게 하고 이르되 가만두라 엘리야가 와서 그를 내려주나 보자 하더라.

### 93

"처음 볼 때는, 울음처럼 무해하고 천부적인 행위가 기능장애나 병증의 증후가 될 수 있다고 생각하는 것이 이상하게 느껴진다." 한 임상심리학자의 글이다. 그러나 이 심리학자는 어떤 울음은 "부적응, 기능장애, 미성숙"에 불과하다는 사실을 직시해야 한다고 주장한다.

### 94

―자, 그렇다면, 원하는 대로 골라보자. 이건 기능장애가 하는 말이에요. 이건 질병이 하는 말이에요. 이건 당신을 한없이 그리워하는 마음이 하는 말이에요. 이건 깊디깊은 블루가 하는 말이에요, 항상, 날이면 날마다, 당신에게 말을 걸고, 걸고, 또 걸고 있어요.

### 95

하나 밤에 울면서 깨는 일이 얼마나 많은지 말하려고 내게 또 편지를 써서 보내지는 말았으면 한다. 나는 당신이 자기 울음과 사랑에 빠졌다는 걸 이미 알고 있으니까.

### 96

블루의 왕자가 블루의 왕자인 이유는 "어디에나 함께 데리고 다니는 반려 슬픔, 친숙한 블루의 악마"를 키우기 때문이다(로웰Lowell, 1870). 이렇게 블루의 왕자는 고통의 악마가 된다.

### 97

그리고 이제, 우리는 이렇게 말할 수 있을 것 같다. 유리구슬 한 알이 세상을 색채로 물들일 수 있을지 모르지만 목걸이가 될 수는 없다고. 나는 목걸이를 원했다.

### 98

빈센트 반 고흐, 그가 앓았던 우울증은 측두엽 간질과 관련이 있다는 얘기도 있다. 그는 견디기 힘들 정도로 생생한 원색으로 세상을 보고 그렸다. 총으로 복부를 쏘아 자살하려던 시도가 실패로 끝나고 나서, 어째서 살아나면 안 되느냐는 질문에 고흐가 남긴 유명한 대답이 있다. "슬픔은 영원히 끝나지 않을 테니까." 나는 그 말을 믿는다.

### 99

친구가 심하게 다친 뒤 몇 달쯤 입원생활을 하고 있을 때였다. 비슷한 처지의 사지마비 환자가 친구를 찾아왔다. 재활원조봉사활동의 일환이었다. 병상에서 친구는 그에게 물었다. 만약 제가 마비된 채 살아야 한다면, 이런 상태를 정상으로 받아들일 때까지는 시간이 얼마나 걸리죠? 적어도 오 년은 걸리죠, 하고 그는 말했다. 이제 다음달이 되면 친구는 딱 삼 년째가 된다.

### 100

우리는 날짜를 헤아리는 일이 종종 있다. 헤아리는 일 자체로 무슨 약속이라도 받는 것처럼. 사실 이건 보이지 않는 말馬에 마구를 씌우는 것과 다름없는 짓이다. "지금부터 일 년 뒤에도 지금과 똑같은 감정을 느끼고 있을 리가 없잖아요." 다른 상담치료사가 작년 이맘때 했던 말이다. 그러나 지금 나는 다른 감정을 느끼는 것처럼 행동하는 법을 배웠을 뿐, 진실을 털어놓자면 감정 자체는 한 치도 변함이 없다.

**101**

"제2차세계대전 당시도, 그리고 그후 수십 년도, 내게는 눈이 멀어버릴 정도로 끔찍한 시간이었어요. 하고 싶어도 거기에 대한 말을 한마디도 할 수가 없었어요." W. G. 제발트의 『이민자들』에 등장하는 한 인물의 말이다. 이 글을 읽고 나서 나는 여러 친구에게 물어보았다. "눈이 멀어버릴 정도로 끔찍한 시간"이 그저 우울한 소일로 바뀌는 데 걸리는 시간을 얼마 정도로 잡아야 할까. 대략적으로 합의된 시간은 칠 년 정도였다. 이는 내 친구들이 너그럽다는 증거다. 대다수 미국인들은 어떻게든 스스로를 채찍질해 부츠 끈을 고쳐 묶고 새 출발을 하는 데 일 년, 길어야 이 년 이상은 허락하지 않을 것이다. 예컨대 2001년 9월 21일, 조지 부시 2세는 이제 애도의 시간은 지났으며 대신 결연한 행동을 취할 시간이 도래했다고 국민들에게 말했다.

### 102

사고 이후 내가 친구를 돌보고 있다. 언제나 조심스럽고도 어려운 일이다. 시중드는 일 자체가 고통을 불러일으키곤 하기 때문이다. 이 년 동안, 친구를 휠체어에 앉히고 일으키며, 우리는 "이동"이라는 복잡한 과정을 수행해야 했다. "이동" 중에 친구의 다리는 끔찍스럽게 고통스러운 발작을 자주 일으키는데, 그럴 때는 환부를 꼭 누르며 떨림이 멈출 때까지 미안해 정말 미안해, 하고 말하는 것밖에 할 수 있는 일이 없다. 친구는 피부를 따라 광범위하게 확산된 신경통을 앓지만 이런 통증을 이해하는 의사는 하나도 없다. 친구 말로는 피부가 쭈글쭈글 구겨져서 불타는 비닐 랩이 된 기분이란다. 친구가 통증을 설명하는 동안 우리는 같이 그의 피부를 들여다본다.

### 103

통증이 심할 때는 핏기가 싹 가신다. 진통제 기운을 뚫고 아픔이 치받쳐오르는 일도 많은데, 그럴 때 친구는 자신과 세상 사이에 장막이 쳐지는 기분이란다. 나는 마음의 눈으로 우리 사이에 툭 떨어지는 방화 차단막을 상상한다.

### 104

통증을 대신 느끼지는 못하지만 나도 모르게 친구를 아프게 할 때면 내 몸 어디가 아픈 듯 움찔하고 또 실제로도 아픔을 느낀다. 지쳐서 기력이 다하면 휠체어에 앉은 친구의 무릎을 베고 얼마나 사랑하는지 모른다고 말한다. 네가 이렇게 아파하니까 정말 속상하다고, 아픔을 보고 상상할지언정 끝내 알지 못해서 미안하다고. 그러면 친구는 말한다. 나 말고 누군가 이 아픔을 아는 사람이 있다면 그건 너야(그리고 J, 그의 연인도 있다). 무한히 너그러운 말이다. 나는 친구의 고통에 이토록 가까이 다가 간다는 게 대단한 특혜로 느껴졌다. 아픔이란 본질적으로 우리가 대체로 피하려 애쓰는 무엇임에도 말이다. 내 친구가 고통 속에서도 여전히 베푸는 사람으로 남아 있기 때문이리라. 사고 전에도 후에도, 슬픔에 위계를 나누지 않기 때문이리라. 내 눈에는 감히 따를 수 없는 깨달음의 경지로 보인다.

**105**

색을 측정하는 도구는 없다. "컬러 온도계" 같은 건 없다. "색에 대한 앎"은 그것을 인지하는 개인에 달려 있는데, 어떻게 그런 게 있을 수가 있겠나? 그러나 오라스베네딕트 드 소쉬르는 아랑곳 않고 1789년 "시안계cyanometer"를 발명했다. 이 도구로 하늘의 파란색을 측량하고자 했다.

**106**

처음 시안계 이야기를 들었을 때 내가 상상한 건 다이얼과 크랭크와 손잡이가 잔뜩 달린 복잡한 기계였다. 그러나 드 소쉬르가 실제로 "발명"한 것은 마분지를 사각형으로 잘라 숫자를 붙여 정렬한 53개의 블루 컬러 견본(소쉬르의 표현을 빌리자면 "뉘앙스")이었다. 시트를 하늘로 치켜들고 하늘색과 컬러 견본을 최대한 맞춰보는 것이었다. 『훔볼트의 여행』(로스, 1852)에서처럼: "우리는 새파란 하늘색을 경이로운 마음으로 바라보았다. 가장 높은 곳에서 하늘색은 시안계 41도에 상응하는 것으로 보였다." 이 문장 자체는 읽을 때 크나큰 쾌감을 주었지만, 사실 시안계로 달라질 건 별로 없다. 더 많이 알게 되는 것도 없고, 더 큰 아름다움을 느끼게 되는 것도 아니니까.

**107**

거트루드 스타인의 글에 "의미"가 있다고 생각하지 않는 사람들이 많다. 어쩌면 정말 의미 따위는 없을지도 모른다. 그러나 학생들이 그의 책 『텐더 버튼스Tender Buttons』를 교실 저편으로 획 던져버리고 싶다고 불평할 때면, 나는 스타인이 그 시에서

( 블루엣 )

다루는 문제에 막중한 의미가 있다고 설명해주려 애쓴다. 스타인은 상처받은 색들을 걱정하는 거예요, 나는 학생들에게 말한다. "어떤 장관壯觀, 하나도 이상하지 않다, 단 하나의 상처받은 색, 시스템 안에 빈틈없는 배열." 나는 큰 소리로 낭독하며 상처받은 색을 걱정하는 기미가 보이는 얼굴을 찾으려 교실을 훑어본다. "흐릿한 노란색 꽃봉오리와 받침을 열정적으로 상처 내기." "서늘한 붉은 장미와 핑크빛의 잘린 패랭이꽃 한 송이." 칼로 베면 색채의 심도가 더욱 선연히 드러나기라도 하는 양.

**108**

예를 들어, 레너드 코헨의 〈페이머스 블루 레인코트famous blue raincoat〉▼를 생각해보라. 이 곡에서 가장 중요한 대목은 바로 "해어진 어깨torn at the shoulder"다. 어쩌면 바로 그 해어진 어깨 때문에 이 곡이 유명해졌는지도 모른다. 노래는 어느 때보다

▼ 캐나다 출신 싱어송라이터. 이 곡은 그의 초기 대표곡 중 하나다.

( BLUETS )

도 우울하고 불투명한 코헨의 모습을 담았다. 그것만도 상당히 의미심장하다. 하지만 항상 제일 좋았던 건 마지막 한 줄이었다―"진심을 담아서, L. 코헨Sincerely, L. Cohen"―그 한 줄을 볼 때마다 대부분의 글을 편지 형식으로 쓰는 게 나 하나만이 아니라는 생각이 들어 덜 외로워진다. 다른 방식으로 글 쓰는 법은 아예 모른다고 말하고 싶을 지경이다. 그래서 지금 여기서처럼, 고독의 프리즘 속에서 글을 쓰는 건 다소 새롭고 고통스러운 실험이다. "동반자가 우리를 실망시키면 우리는 사랑을 받을 가치가 있는 대상에게로 사랑을 옮긴다." 소로가 에머슨과 쓸쓸하게 결별하고 나서 쓴 이 문장에서 우리는, 어째서 그토록 많은 송라이터들이 블루를 유일하게 믿을 수 있는 친구로 인격화했는지, 또 어떻게 그렇게 했는지, 뜻밖에도 납득할 만한 설명을 찾을 수 있다. 루신다 윌리엄스▼는 이렇게 노래한다. "내가 외로울 때 블루는 나를 사랑해주고/ 나를 가장

▼  Lucinda Williams, 미국의 포크음악 가수.

먼저 생각해준다." 사실 굉장히 기이한 얘기다. 블루에 심장 뿐 아니라 생각하는 머리도 있다는 얘기니까.

**109**

시간이 흐르자, 다친 내 친구의 발은 쓰지 않아서 파랗고 매끄러워졌다. 파란 피부는 무지방 우유처럼 투명하고, 매끄러운 살결은 아기 같다. 굉장히 이상하고 아름다워 보인다고 생각한다. 친구의 생각은 다르다. 당연히 그럴 수밖에 없다―자기 몸이니까. 그 변화, 그 슬픔. 종종 우리는 함께 그녀의 몸을 부위별로 살펴본다. 그럴 때면 마비된 몸이 우리 둘 모두와 별개로 존재하는 탐구 대상처럼 느껴진다. 하지만 그 몸은 여전히 친구의 몸이다. 살아가다가 우리 몸뚱어리가 어떤 일을 당하더라도, 심지어 "물속 돌멩이"처럼 되어버릴지라도, 여전히 그것은 우리 몸으로 남는다. 우리 것, 그들의 것으로.

### 110

『텐더 버튼스』에서 스타인은 색채와, 아무 이유 없이, 뜬금없이, 불쑥 찾아오는 고통을 걱정하는 것 같다. "어째서 색깔이 한 조각밖에 없을까…… 어째서 이토록 무용한 고통이 많을까." 막상 블루에 대해서 스타인은 수수께끼 같은 한마디밖에 남기지 않았다. "블루의 조각들은 하나같이 조숙하다."

### 111

괴테 역시 색과 고통을 걱정한다. 하지만 괴테의 보고서는 전장에서 보낸 연재 기사에 더 가까워 보인다. "확정된 색은 모두 눈에 일정한 폭력을 가하고 시각 기관을 적진으로 내몬다." 이 글을 보자마자 이 현상이 참이라는 걸 알았다. 밝은 오렌지색 레스토랑에서 일했던 경험 덕분이다. 이 레스토랑에서 나는 오후 4시에서 새벽 2시까지 하루에 열 시간씩 일하고 교대했다. 가끔은 더 늦게 퇴근하기도 했다. 레스토랑은 눈으로 보고도 못 믿을 오렌지색이었다. 실제로 시내 사람들은 전부 이곳을 "오렌지 레스토랑"이라고 불렀다. 하지만 일을 마치고 집에 가서 연기에 전 옷을 그대로 입은 채 벽에 다리를 올리고 혼절하다시피 쓰러지면, 식당의 홀이 꿈속에서 연하늘색으로 바뀌어 다시 나타났다. 한참 동안 나는 이게 행운의 상징이거나, 소원 성취라고 생각했다. 당연히 내 꿈은 모든 걸 블루로 바꾸지 않겠는가. 내가 좋아하는 색이니까. 하지만 이제 보니 오히려 채도가 포화상태에 이른 오렌지색을 열 시간 이상 본 결과일 가능성이 높다는 생각이 든다. 블루는 오렌지색의 보색이니까. 이건 단순한 이야기지만, 생각해보면 겁이 덜컥 난다. 눈이 우리 의지와 무관한 기록 기관에 불과하다는 실감이 새삼스럽다. 어쩌면 심장에 대해서도 똑같은 말을 할 수 있겠다. 하지만 그 식당에서 일할 때 내가 '폭력'을 당했는지 여부는 아직도 뭐라 결론 내릴 수 없다.

**112**

가끔 우리가 컬러로 꿈을 꾸지 않는다는 얘기를 듣는다. 하지

( BLUETS )

만 이건 착오가 틀림없다. 우리는 컬러로 꿈을 꿀 수 있을뿐더러 더 중요한 문제는 이거다. 어떻게 다른 사람이 우리가 컬러로 꿈을 꾸는지 안 꾸는지 알 수 있단 말인가? 가끔은 우리가 컬러로 꿈을 꾸게 된 건 영화 덕분이라는 생각에 빠질 때도 있다. (영화가 나오기 전에 꿈이 어땠는지 알 수가 있어야지!) 하지만 곧 나는 「십자가의 꿈 The Dream of the Rood」▼을 떠올린다. 고대 영어로 쓰인 최초의 문서 중 하나로 8세기경에 쓰인 이 글은 색채로 (그리고 쾌감과, 고통으로) 깜빡거린다. "보라, 이제 내가 참으로 놀라운 꿈 이야기를 하려 한다…… 나무 한 그루를 보았던 것 같다. 찬란한 빛을 흠뻑 받으며 드높이 치솟은 그 나무는 세상 나무들 중 가장 훌륭하고 환했다. 봉화대는 금으로 칠해져 있었다…… 승리의 나무는 경이로웠고 나는 죄로 얼룩지고 악행으로 상처받은 몸이었다…… 서글픈 고뇌에 빠진 나는 그 아름다운 광경이 두려웠다. 봉화처럼 타오르는 나

▼  작자 미상의 기독교 신앙시.

무가 시시각각 변하며 옷과 색채를 갈아입는 광경을 바라보았다. 한순간 흐르는 피로 축축하게 젖어 있던 나무는 다음 순간 온갖 보화로 장식되었다." 여기서 생기는 의문은 황금빛이 과연 색이라 할 수 있을까, 하는 것이겠지만 이건 내가 다룰 문제가 아니다. 그저 이 말로 대답을 대신하려 한다. "황금의 반대쪽에 있는 건 황금과 같은 쪽에 있는 것과 같다."(존 버거) 이 말에 현혹되어 황금빛이 색깔로서 자격을 잃었다고 생각하고 싶다. 그러나 꿈을 꾸는 사람의 악행을 상징하는 붉은빛은 타협할 여지가 없어 보인다.

### 113

노발리스는 미완의 소설 『파란 꽃Heinrich von Ofterdingen』에서, 꿈속에서 작고 파란 꽃—수레국화bluet 일지도 모른다—을 보는 중세 음유시인의 이야기를 들려준다. 그후로 시인은 "실제 삶"에서 그 파란 꽃을 보고 싶다는 갈망을 품는다. "도저히 그 생각을 떨칠 수가 없습니다." 시인은 말한다. "완전히 사로잡

했습니다."(말라르메도 마찬가지다. "나는 사로잡혔다. 파람이여 L'Azur! 파람이여! 파람이여! 파람이여!") 하인리히는 자신의 강박적 집착이 좀 유별나다는 걸 안다. "누가 이 세상에 핀 꽃 한 송이에 이토록 마음을 쓴단 말인가? 그리고 꽃과 사랑에 빠진 사람 이야기는 들어본 적이 없다." 그럼에도 그는 파란 꽃을 찾는 데 인생을 바친다. 그리하여 모험이, 숭고한 로맨스가, 탐색의 로맨스가 시작된다.

### 114

하지만 이번에는 이런 네덜란드어 표현을 생각해보자. "다트 젠 마르 블라우어 블룸폐서 Dat zijn maar blauwe bloempjes"—"그건 파란 꽃에 불과해"라는 말이다. 여기서 "파란 꽃"은 마구 쏟아내는 뻔뻔스러운 거짓말을 뜻한다.

### 115

그런 경우라면 탐색 자체가 정신적 오류다.

**116**

마지막으로 나를 만나러 왔을 때, 당신은 옅은 파란색 반소매 버튼다운 셔츠를 입고 있었어. 당신을 위해서 입었어, 라고 말했지. 우리는 그날 오후 여섯 시간 내리 섹스를 했어. 엄밀히 따지면 도저히 말이 안 되는 일인데, 아무튼 시계를 보니 그랬어. 우리는 시간을 때웠던 거야. 당신은 바닷가 소도시로 가던 길이었지. 무척이나 파란 그 소도시에서 당신은 사랑에 빠져 있던 다른 여자, 지금 당신과 함께 있는 그 여자와 일주일을 보내기로 했었어. 나는 당신들 두 사람을 완전히 다른 방식으로 사랑해, 당신은 말했어. 이 말의 의미를 더 깊이 생각하는 건 현명하지 못한 일이었던 것 같아.

**117**

"내 처지가 어떠한지 얼마나 분명히 보았었나. 그럼에도 그토록 유치하게 행동했다니." 슬픔에 젖은 괴테의 베르테르는 말한다. "지금도 똑똑히 알고 있는데 나아질 기미는 전혀 보이지 않는구나."


**118**

그날 오후로부터 오래 지나지 않아 당신이 이 여자와 함께 찍은 사진을 봤어. 당신은 그 셔츠를 입고 있었어. 다친 내 친구의 집으로 가서, 친구가 누워 있는 사이 혈전을 방지하기 위해 허벅지까지 다리를 꼭 죄어주는 공기주입식 장화를 벗겼다 다시 신겼다 하면서 이 이야기를 했지. 정말 소름이 쫙 끼친다, 친구가 말했어.


**119**

내 친구는 사고를 당하기 전에도 천재였고 지금도 여전히 천재다. 차이가 있다면 요즘 그녀 입에서 나오는 말들은 거의 반박이 불가능하다는 점이다. 지금 그녀의 상태 때문인지 뭔가 신탁을 내리는 것 같은 느낌이 있다. 웬만하면 아무데도 가지 않고 한데 머물러 있어서 무슨 말이든 들으려면 찾아가야 한다는 점 때문이겠지. 결국은 너도 이 사랑을 포기해야 할 거야, 어느 날 밤, 친구는 저녁을 차리는 나를 보고 말했다. 마음을 병들게 하잖니.

### 120

결국, 결정적으로 퇴짜를 맞고, 젊은 베르테르는 파란색 코트를 입고 머리에 총을 쏜다. 사랑하는 사람과 처음 춤을 추었던 날 밤 입었던 코트와 비슷하게 만든 복제품이었다. 베르테르가 피를 철철 흘리며 죽어가는 데에는 꼬박 하룻밤이 걸린다. 그리고 이 죽음 이후로 독일 전역은 물론 유럽 전역에서 똑같이 파란색 코트를 입고 자살하는 청년들이 줄을 이었다. 다른 데서도 그렇지만 여기서도, 명확하게 본다seeing clearly 는 건 베르테르에게도, 우리에게도 전혀 득이 되지 못했다.

### 121

"명확함은 너무나 두드러진 진실의 특징이라서 심지어 진실

그 자체로 통용되기도 한다." 프랑스의 "문필가" 조제프 주베르가 쓴 글이다. 주베르는 사십 년에 걸쳐 무수한 파편적 단상들을 공책에 기록하며 기념비적인 필생의 철학 저서를 준비했으나 끝내 쓰지 못했다. 진실인 척 통용되는 이런 행태는 내가 잘 안다. 가끔은 내 모든 글쓰기의 핵심에, 교묘한 속임수처럼, 진실인 척 행세하기가 도사리고 있을지도 모른다고, 얼마든지 그럴 수 있다고 생각한다.

**122**

"진실. 형태와 색으로 에워싸야만 볼 수 있는 것." 주베르는 차분하게 이단을 설파했다.

**123**

내가 믿음을 말할 때 나는 한 번도 신에 대한 믿음을 말하지 않는다. 마찬가지로, 의심을 말할 때도 신의 존재에 의심을 품거나 복음의 진실을 의심한다는 뜻이 아니다. 신앙의 어휘가

큰 의미로 다가온 적이 별로 없다. 그런 사색은 어렸을 때 하던 '당나귀 꼬리 붙이기' 놀이를 연상시킨다. 어지러울 정도로 빙글빙글 돌고 나서, 눈가리개를 쓰고 방향감각을 잃은 채 양손을 앞으로 쭉 뻗고 비틀비틀 걸어가다, 결국 벽에 부딪치거나(폭소와 함께), 친구의 부드러운 손길에 이끌려 다시 놀이에 참가하게 된다.

**124**

이런 점에서 나는 "정신적 불구자"를 자처할 각오가 되어 있다. "베갯머리에서 쓴 글," 『마쿠라노소시枕草子』의 작가 세이 쇼나곤▼을 두고 어느 일본 비평가가 한 말처럼 말이다. 이 비평가는 쇼나곤이 시시콜콜한 것, 미학적인 것, 가십에 강박적으로 집착하고 남자에 대해 강렬한 적개심을 보이며 거침없고 당당하게 타인에 대한 독설, 특히 하층계급 비하를 일삼는다

---

▼    清少納言, 헤이안시대 여성 작가이자 가인.

는 사실에 경악했다. 베갯머리에서 쓴 무수한 글 목록 가운데 몇 가지: "한심하다는 인상을 주는 것들" "아무 값어치도 없는 것들" "병이 있는 것 같은 사람들".

### 125

물론 그냥 눈가리개를 풀고 이렇게 말할 수도 있다. 이런 놀이는 바보 같아, 이제 안 할래. 그렇다면 벽을 치거나 엉뚱한 방향으로 걸어가거나 눈가리개를 홱 벗어버리는 것도 당나귀 꼬리를 붙이는 것처럼 게임의 일부라는 사실을 인정해야 한다.

### 126

쇼나곤은 자신이 처음 쓴 글 중 한 편에서 청마축제▾에서 느낀 크나큰 즐거움을 묘사하고 있다. 청마축제가 열리는 날은 궁중의 마구간에서 나온 스물한 마리의 청회색 말이 행진하고 그 뒤를 군주가 따른다. 쇼나곤의 설명을 읽다보면 당장 죽어서 천 년 전에 다시 태어나 그 축제를 내 눈으로 직접 보고 싶

( 블루엣 )

다는 욕구가 치솟는다. 그렇지만 이렇게 되면 크나큰 위험, 타인의 블루, 이미 지나가버린 시대의 블루에 질투심을 느끼는 위험에 빠지게 된다. 만족과 행복을 바랄 뿐이라고 아무리 거듭 말해도, 진심을 들여다보면 저도 모르게 윤회에 맹렬하게 집착하고 있음을 깨닫는다. 돌아가는 수레바퀴에서 정말 벗어날 길이 있을지도 모른다는 느낌—아무리 막연하게라도—이 들면 특히나 그렇다. "윤회를 향한 향수." 어떤 불자는 이 병病에 그런 이름을 붙였다. 벗어나야 한다는 자각을 하는 순간 오히려 발톱이 더욱 날카롭게 자라나는, 그런 병이다.

▼　헤이안시대 매년 1월 7일에 열린 궁중 행사인 '아오우마세치에白馬節会'를 말한다. "말은 상서로운 동물이고, 푸른색은 봄의 색이기 때문에 이를 보면 그해의 악령을 쫓아낼 수 있다"고 하는 중국 전설에서 유래한 행사로, 다이고천황 때 회색(푸른색) 말에서 흰말로 변경되어 백마白馬로 표기하지만 청마青馬, 아오우마로 읽는다. 『마쿠라노소시』 제3단 「새해 하루는」 그 세번째(1월의 행사)에 그 이야기가 나온다.

### 127

자문해보라. 활짝 꽃이 핀 자카란다나무▼의 색깔은 무엇일까? 당신은 언젠가 내게 꽃 색깔이 '파란색의 일종'이라고 했었다. 그때는 나무를 직접 보지 못해서 나도 그렇게 생각하는지 알 수 없었다.

### 128

당신이 처음 자카란다나무 이야기를 해주었을 때 나는 희망을 품었다. 그리고 처음으로 직접 그 나무를 보았을 때는 절망을 느꼈다. 이듬해 같은 계절에 나는 또 절망했다. 그렇게 해서 우리는 블루가 어느 정도 절망을 가져다주는 사례에 하나씩 도달하게 된다. 하지만 진심을 털어놓자면: 내가 보기에 그건 보라색이었다.

▼ jacaranda, 보랏빛에 가까운 파란색 꽃이 피는 열대 나무. 아프리카 벚꽃나무라고도 한다.

### 129

내년에 자카란다 나무를 보면 어떤 기분이 들지는 모르겠다. 살아서 그 나무들을 보게 될지, 내가 여기 있어 다시 볼 수 있을지, 아니 영영 그 나무들을 아무리 일종의 파란색이라고 해도, 파랑으로 볼 수 있을지, 나는 모르겠다.

### 130

우리는 어둠을 읽을 수 없다. 우리는 그걸 읽을 수가 없다. 아무리 흔하다 해도 시도 자체가 미친 짓이다.

### 131

"내가 보기에는 네가 충분히 노력하지 않는 것 같은데." 한 친구가 말한다. 노력하지 않는 것이 가장 중요하다고, 그게 바로 계획이라고 어떻게 말해줄까?

### 132

다시 말하자면: 나는 가슴앓이 앞에서 힘을 빼려고 한다. 또 다른 친구 하나는 불안에 맞닥뜨리면 힘을 뺀다고 했다. 비폭력 저항운동 같은 거라고 생각해, 그가 말한다. 경찰의 손길에 그냥 몸을 맡기는 거야.

### 133

나는 찬란한 양지에 살고자 노력했고, 그로써 의지를 포기했다.

### 134

블루를 죽음의 색이라고 생각하면 마음이 차분해진다. 오래전부터 나는 다가오는 죽음을 밀려오는 파도로 상상했다. 탑처럼 높이 솟은 새파란 벽으로. 너는 그 속에 빠져 죽고 말 거야, 세상은 말한다, 언제나 그렇게 말했다. 그래서 파란 지하세계로 내려

가게 될 거야. 굶주린 유령들로 파란 그곳, 크리슈나블루,▼ 네가 사랑했던 사람들의 파란 얼굴들. 그 사람들도 다 빠져 죽어버렸을 거야. 물을 한 숨 가득 들이켠다. 그런 생각을 하면 공포에 질리는가, 아니면 흥분이 되는가? 당신이 빨강과 사랑에 빠져 있다면 칼로 베거나 총으로 쏘겠지. 하지만 파랑과 사랑에 빠져 있다면 입에 넣고 빨기 좋은 보석들로 주머니를 채우고 머리를 강물에 처박는 거야. 아무 강이나 상관없어.

### 135

물론 "우울감 the blues"에 젖은 사람이라도, 얼마 동안은 살아갈 수 있다. 심지어 무언가를 "생산"해낼 수도 있다! (영원한 위안이지!) 예를 들어 "레이디 싱스 더 블루스 Lady Sings the Blues"를 한번 보자. "제대로 걸렸어/ 너무나 슬퍼/ 온 세상이 알면 좋겠다고 생각하지/ 그 여자의 블루스가 무엇을 말하는지." 그

---

▼ Krishna blue, 크리슈나는 힌두교의 영웅신이다. 힌두교의 신들은 피부가 파란색인데, 영원과의 친밀함을 상징한다.

럼에도 빌리 홀리데이는 알고 있었다. 채도가 점점 더 높아지는 블루를 본다는 건 결국 암흑을 향해 가는 길이라는 걸.

### 136

"우울할 때 술을 마시는 건 마치 불길에 등유를 뿌리는 것과 마찬가지다." 서점에서 본 또다른 자가치료 서적에서 읽은 말이다. 대체 어떤 우울증이 불길처럼 느껴질까? 나는 이런 생각을 하며 책을 도로 서가에 꽂았다.

### 137

홀리데이가 정확히 어떤 마음으로 이렇게 노래했는지, 그건 확실치 않다. "하지만 이제 세상이 알게 될 거야/ 그녀는 다시는 블루스를 부르지 않을 거야/ 다시는." 확실하지 않은 부분: 극복하고 살아간다는 건지, 입을 닥친다는 건지, 아니면 죽는다는 건지. 또 불분명한 부분: 그 개선장군처럼 위풍당당한 승리의 기운은 어디서 나오는 건지.

### 138

하지만 아마도 여기에 진짜 미스터리는 없을지도 모르겠다. "삶은 사람들이 삶에 가지는 애착보다 대체로 더 질기다."(애덤 필립스): 이것이 바로 홀리데이의 목소리를 통해 비로소 듣게 된 진실이다. 이 말을 들으면 어째서 자살이 그토록 쉬우면서도 그토록 어려운지 이해하게 된다. 자살을 하려면, 삶을 떨쳐내거나 불신하도록 오랜 시간 수련하거나(이런 점에서는 약이 도움이 된다), 아니면 매복하고 있다가 덮쳐서 완력으로 제압해 천성적인 당당함을 없애버려야 한다.

### 139

"머릿속에서 기억은 파란색일까? 머리들은 쉽게 뽑혀나간다."(로린 니데커)

### 140

머리를 어떻게 뽑아버릴까. 우리집에 있는 알코올을 마지막

한 방울까지 마셔버릴 수도 있다. 마시다 남은 이 맥주와 메이커스마크 위스키 한 병까지 다 합쳐서. 전혀 모르는 남자들이 내 몸을 무자비하게 유린하도록 방치할 수도 있다. 내가 처음 품었던 섹스 판타지에서 그랬듯이. 판타지 속에서 나는 우표가 잔뜩 붙은 종이 상자에 실려 지구 반대편으로 보내진다. 여정은 길고 험하며 낙타에 실려 굉장히 많이 흔들리고 덜컹거리는 과정도 빠지지 않는다. 도착하면 뜨거운 사막의 태양 아래 부족의 남자들이 상자를 열고, 그 안에서 내 작은 몸이 쏟아져나온다. 남자들은 다들 나를 만져보고 싶어 안달이 난다.

**141**

또 파란 옷을 입은 부족에 흡수되면서 내 삶이 끝나는, 아니 그냥 연기처럼 사라져버리는 상상도 했다. 내 꿈속에서 이 파란 사람들은 어린아이의 모습이었다. 그런 부족이 정말로 존재한다는 걸 알기 아주 오래전엔 그랬다. 이제 나는 그런 부족이 존재한다는 걸 안다. 사하라사막의 동부와 중앙부에 살고 있는 부족, 이들 부족의 이름인 '투아레그'는 '신에게 버림받은 사람들'이라는 뜻이다. 많은 서양인들—여자도 여럿 포함해서—이 이런 판타지를 품었다는 것도 나는 안다. 이 판타지에는 도저히 용서가 안 되는 이국 정서의 특징들이 다 드러나 있다는 것도 안다. 하지만 오랫동안 내가 이 파란 옷의 부족에 대해 꿈꾼 건 여전히 어쩔 수 없는 사실이다—이자벨 에버하르트의 이야기를 알기 오래전부터. 이자벨 에버하르트는 어렸을 때 스위스에서 북아프리카로 가서 평생 남장을 하고 살다가 결국 카드리야라 불리는 사막의 신비주의 교도들 사이에서 실종되었다가 아인세프라에서 갑작스러운 홍수에 휘말려 세상을 떠났다. 그의 시신은 "수십 구의 다른 시체들과 함께 하류로 떠내려"왔고 결국 들보에 부딪쳐 박살이 났다. 이 홍수의 잔해 속에서 에버하르트의 책『망각을 찾는 사람들The Oblivion Seekers』의 원고 일부가 발견되었는데, 한 비평가는 이 문집을 "한 여성이 세상에 주고 간 인간 역사상 가장 기이한 문서"라고 했다. 이 책의 첫 이야기 서두는 이렇게 시작한다.

( BLUETS )

"길고 새하얀 길은 뱀처럼 구불구불 저 머나먼 파란 장소들을 향해, 세계의 찬란한 변두리를 향해 이어져 있다."

### 142

이 머나먼 파란 장소들을 찾는 것이, 에버하르트에게는 망각의 모색이다. 그리고 망각을 찾는 것이, 에버하르트에게는 키프▼를 피운다는 뜻이다. "쩍 벌어진 상처." 에버하르트는 키프 소굴을 이렇게 표현했다.

### 143

빌리 홀리데이가 비교적 짧았던 생의 마지막으로 다가갈 무렵(그는 마흔네 살에 세상을 떠났다) 그 목소리가 "만신창이가 된" 것 같다고 표현하는 사람들이 많았다. 마약에, 술에, 학대에, 슬픔에 유린당해 찌든 목소리. 마약중독자는 아니었지만 조

▼   kif, 수지로 만든 대마초로 인도 등지에서 피웠다.

니 미첼 역시 "만신창이"라는 수식어를 끈질기게 달고 다녔다. "건강에 대한 경보 정도로는 담배를 끊을 수 없다면, 한때 천사 같았으나 이제는 숨만 헐떡거리는 조니 미첼의, 니코틴으로 만신창이가 된 목소리가 금연을 도와줄 것이다." 한 비평가가 최근에 쓴 글이다. "미첼의 목소리는 깃털처럼 가볍던 영광스러운 과거의 허스키한 그림자이며, 즐겁고 장난스러웠던 태도가 쓰디쓴 불만으로 시들어간 과정을 거울처럼 비춰 보여준다."

### 144

그렇다면 다시, 아마도 우울은 불길처럼 느껴질지도 모르겠다. 연극적으로 과장된 오렌지색 불꽃이 아니라 파란색 중심부 불꽃 말이다. 나만의 "암실"에서 이 파아란 불꽃의 중심을 바라보며 많은 시간을 보냈다. 어떻게 블루가 암흑으로 젖어드는지, 어떻게 암흑이 예고도 없이 커다랗게 자라나 원뿔 모양의 빛이 되는지 완벽한 예시를 통해 증명할 수도 있다.

### 145

독일어로 블루하다고 하면—blau sein—술에 취했다는 뜻이다. 알코올중독이 일으키는 섬망은 "파란 악마"로 불리곤 한다. "파란 악마주의에 빠져 헤매던 내 쓰라린 시간"(번즈, 1787)에서처럼. 잉글랜드에서 "파란 시간"은 펍의 해피아워다. 프랑스로 이주해 모네의 집에 살았던 미국 국적의 걸출한 추상화가 조앤 미첼은 열렬한 색채 애호가였고, 거친 입으로 유명했으며, 아마도 시대를 막론하고 내가 가장 아끼는 그림일 〈레 블뤼에 Les Bluets〉의 작가다. 그녀는 이 그림을 1973년, 내가 태어난 해에 그렸다. 미첼은 봄날의 녹색이 참을 수 없이 짜증이 났다고 한다. 작업에 방해가 된다고 생각했다. 그 초록색보다는 차라리 영원히 "뢰르 드 블뤼"▼ 속에 살기를 원했다. 절친한 친구였던 프랭크 오하라는 그 마음을 이해했다. 아, 아빠, 여러 날을 술에 취해 살아가고 싶어요, 그는 이렇게 썼고 또 실제로 그

▼   l'heure de bleu, 블루의 시간.

렇게 했다.

### 146

"여자가 술을 마신다는 건 마치 동물이나 아이가 술을 마시는 것과 다름없다." 마르그리트 뒤라스는 이렇게 쓴 적이 있다. "우리 본성에 내재된 신성함을 더럽히는 짓이다." 『마약 전쟁: 문학, 중독, 조증』에서 아비탈 로넬은 뒤라스의 작품을 "알코올리제이션alchoholizations"이라고 했다. 알코올에 절여진 포화상태라고 할까. 술 대신 색으로, 이처럼 포화상태까지 흠뻑 절여진 책을 상상할 수 있을까? 차이를 어떻게 구분할 수 있을까? "포화"라는 말이 단 한 방울도 더는 흡수하지 못한다는 의미라면 어째서 "포화"에는 개념상으로도, 또 경험상으로도, 만족의 함의가 들어 있지 않을까?

### 147

"젊은 여성이었던 당신의 얼굴보다 지금의 얼굴이 더 좋습니다. 세파에 찌든 그대로." 뒤라스의 『연인』 첫 문장에서 남자는 말한다. 오랜 세월 동안, 나는 이 말을 현자의 말로 여겼다.

## 148

투아레그족이 걸치는 출렁이는 가운의 환하고 밝은 블루는 어찌나 진한지 시간이 흐르면 염색약이 피부에 스며들어 말 그대로 피부를 파랗게 물들인다. 투아레그는 이슬람으로 개종하기를 거부하는 것으로 유명했던 사막의 유목민이다. 그래서 "신에게 버림받은 자들"이라는 이름을 얻었다. 일부 미국 기독교인들은 신에게 버림받은 파란 종족이 사하라사막에 살면서 낙타들을 키우고 별빛을 나침반 삼아 밤에 여행한다는 생각 자체를 달가워하지 않았다. 예를 들어 2002년 버지니아주에서는, 어떤 남부 침례교 신도들이 "투아레그 부족이 하느님의 사랑을 깨달을 수 있기를 비는" 특별 기도회가 열리기도 했다.

( 블루엣 )

**149**

투아레그족은 스스로 투아레그라는 이름을 쓰지는 않는다. 파란 부족이라 자처하지도 않는다. 스스로를 이모하그라고 부른다. "자유로운 사람들"이라는 뜻이다.

**150**

플라톤에게 색은 시만큼 위험한 마약이었다. 그리하여 자신의 공화국에서 시와 마약을 모두 추방하고자 했다. 플라톤은 화가들을 "다채로운 마약을 갈아 섞는 사람들"이라고 했고 색은 그 자체로 파르마콘▼의 한 형식이었다. 종교혁명의 열성 신도들도 비슷한 정서를 가졌다. 타락한 우상숭배라면서 성당의 스테인드글라스를 다 박살냈다. 인디고블루가 "악마의 물감"이

▼ pharmakon. 약물, 약품, 치료, 독, 마술, 물약 등의 상반된 의미를 갖고 있는 용어. 플라톤은 『파이드로스』에서 글을 파르마콘, 즉 망각의 치유로 언급하면서 '약(치료제)'과 '질병'이라는 의미를 동시에 가지고 있다고 말한다. 즉, 약과 질병은 서로 모순되고 대립되는 것인데 글은 이러한 모순을 동시에 가진다는 것이다. 출처:『문학비평용어사전』(국학자료원, 2006)

라고 불렸던 이유 역시 뚜렷하다. 유럽 토착 식물인 대청에서 뽑아내는 파란색 물감이 장악하고 있던 서구 시장에 노예노동으로 생산되는 값싼 인디고블루가 침투하지 못하게 막으려는 시도의 일환이었다. 블루가 "신성한" 색깔이 되기 전―이는 12세기 울트라마린의 도래와 관련이 있다. 울트라마린은 향후 스테인드글라스와 종교화에 쓰였다―에는 적그리스도를 상징하는 색으로 많이 쓰였다.

### 151

울트라마린은 물론, 본질적으로, 그 자체로 신성한 건 아니다. (그런 게 어디 있기나 한가?) 값이 비싸면 신성하다는 사악한 논리에 의해 신성한 색이 되었다. 울트라마린은 먼저 값비싼 것이 되어야 했다. 하지만 울트라마린의 희귀성은 일종의 오해에서 시작되었다. 고대 사람들은 라피스라줄리의 빛나는 광맥을 황금이라고 착각했는데, 사실 그것은 "바보의 황금"이라고들 하는 황철석이었다.

( 블루엣 )

## 152

신성함과 사악함을 제쳐둔다 해도, 블루를 당당히 축제의 색이라고 부를 사람은 없다. 우는 아기들을 달래거나 정서적으로 불안한 환자들을 진정하기 위한 용도로 병원에서 쓰는 색을 보며 굳이 파티를 떠올릴 사람은 없으니까. 고대 이집트 사람들은 파란 천으로 미라를 감쌌다. 고대 켈트족 전사들은 출정 전에 대청으로 몸을 파랗게 물들였다. 아즈텍 부족은 희생 제물의 가슴에 파란 페인트를 칠해 스미게 하고 제단에서 제물의 심장을 파냈다. 인디고의 이야기는, 적어도 부분적으로, 노예, 반란, 불행의 이야기다. 그러나 카니발에서는 언제나 블루가 한자리를 차지한다.

## 153

아이들이 다른 모든 색과 비교해 빨강을 압도적으로 선호한다는 글을 읽은 적이 있다. 파랑처럼 차가운 색조를 좋아하게 되는 변화는 성장하면서 일어난다. 요즘 서구 성인의 절반은 블루를 가장 좋아하는 색으로 꼽는다. 러시아 망명자인 비탈리 코마르와 알렉산드르 멜라미드가 한 팀이 되어 "가장 갖고 싶은 회화"를 국제적—중국, 핀란드, 독일, 미국, 러시아, 케냐를 거쳐 튀르키예까지—으로 조사한 결과, 사소한 차이는 있어도(여기에는 발레리나가 있고 저기에는 큰사슴이 있는 등) 대부분은 파란색 풍경화를 갖고 싶다고 했다. 유일한 예외는 네덜란드였는데, 도저히 이유를 가늠할 수 없지만 어두컴컴한 무지갯빛 추상화를 원했다.

**154**

여기서 일종의 성장 서사를 도출하려는 유혹을 받게 된다. 결국 우리는 정신을 차리고 철이 들어 강렬한 것들(예를 들어 빨강)을 성급하게 사랑하는 짓을 그만둔다든가, 결국 더 세련되고 은근한 것들을 사랑하는 법을 배운다든가 하는 식의 이야기 말이다. 그러나 블루를 향한 나의 사랑은 한 번도 성숙이나 교양, 혹은 정착으로 느껴지지 않았다. 왜냐하면 사실상 앞뒤

( 블루엣 )

가리지 않는 색채 애호가의 기질은 어른이 되고 나서도 얼마든지 유지될 수 있기 때문이다. 조앤 미첼만 해도, 관습적으로 지속성보다는 강렬한 채도를 기준으로 안료를 골랐다. 많은 화가들이 알다시피, 이런 선택은 시간이 지난 뒤 그림을 형편없이 퇴색하게 만들 수도 있다. (글쓰기는 과연 이런 현상을 겪지 않을까?)

**155**

나 말고도 서구 성인의 절반이 블루를 사랑하고, 블루에 대한 책을 쓰지 않고는 못 배기는 사람이 십여 년에 한 번은 꼭 나온다고 해도 정말로 마음이 쓰이진 않는다. 얼마든지 글로 써서 나눌 만큼 블루와 나는 특별하고 강인한 유대를 맺고 있다고 확신한다. 지구상에서 블루의 특성을 하나 꼽는다면, 그건 **풍부함**이라는 사실도 인정해야 한다.

## 156

"하늘은 왜 파랄까?"—충분히 던질 수 있는 질문이고, 나도 이 질문에 대한 답을 여러 번 배웠다. 하지만 누군가에게 설명하려 하거나 혼자 기억해내려 하면 매번 전혀 기억나지 않는다. 이제는 혼자서 그 질문을 기억하는 게 좋다. 내 마음은 본질적으로 구멍이 숭숭 뚫린 체와 같고 나는 할 수 없이 불완전한 인간이라는 사실을 새삼 실감하게 되니까.

## 157

내가 확실히 기억하는 부분: 하늘의 파란색은 그 너머 텅 빈 우주공간의 어둠에 달려 있다는 것. 한 광학 논문의 표현을 빌리면 "어떤 행성의 대기라도 우주의 암흑을 바탕으로 태양과 같은 항성의 빛을 비추면 파란색으로 보일 것이다". 그런 경우 블루는 허공과 불이 만들어내는 황홀한 우연 같은 것이다.

### 158

신은 진실이다, 진실은 빛이다, 신은 빛이다 등등. 삼단논법의 사슬은 끝없이 이어진다. 요한복음 1장 5절을 보라. "빛이 어둠에 비치되 어둠이 깨닫지 못하더라." (어둠에 마음이라도 있는 것처럼.)

### 159

아주 많은 사람들이 신을 빛으로 상상했지만, 아주 많은 사람들이 또한 신을 어둠으로 상상했다. 저서와 신원이 모두 미상인 시리아의 수도자 디오니시우스 아레오파기타는 "신성한 어둠"이라는 개념을 처음으로 진지하게 옹호한 기독교인으로 보인다. 이 개념이 복잡한 이유는, 이 신성한 어둠을 다른 어둠들과 구분하는 부담이 우리에게 떨어지기 때문이다―"영혼의 어두운 밤", 죄의 어둠 등 어둠에는 여러 가지가 있다. "우리는 빛을 넘어선 이 신성한 어둠에 다다르기를 기도한다. 그리고 우리는 비록 보지 못하고 알지 못해도, 보지 못함과 알지 못함으로써 우리가 참다운 시야와 지식을 얻는다는 깨달음을 통해, 시야와 지식을 넘어선 무언가를 보게 되기를 기도한다." 디오니시우스는 명확히 밝히고자 한다는 듯 이렇게 썼다.

### 160

마찬가지로 복잡한 것: 실인증 agnosia 또는 인지불능의 개념. 이상적으로는 이 신성한 어둠 속에서 사람이 발견하거나 경험하거나 성취하는 것. 다시 한번 더: 이러한 인지불능증은 일종의 무지라기보다는 원상 복구에 가깝다. (한 번 알았던 걸 잊는 것처럼? 하지만 무얼 알았던 걸까?)

### 161

철학자 버트런드 러셀은 비트겐슈타인의 초기 논리학 연구의 팬이었지만, 후기 비트겐슈타인에 대해서는 "진지한 사유가 지겨워져서 그런 행위를 불필요하게 만드는 학설을 창안해냈다"고 불평을 토로했다. 내가 이 의견에 동의하는지 확신은 없지만, 동의하고 싶은 유혹에 이끌린다. 비트겐슈타인 역시 그러했다고 생각한다. "설명은 어딘가에서 끝나기 마련이다"라고 비트겐슈타인은 썼다.

### 162

디오니시우스에 따르면 신성한 어둠은 너무 눈부시게 밝기 때문에 어둠으로 보인다. 나는 이 역설을 이해하기 위해 태양을 똑바로 바라보고 한가운데에 꽃처럼 피어나는 흑점을 보려 했었다. 하지만 이 역설이, 혹은 이 실험이, 아무리 그럴싸하다 해도, 나는 솔직히 그보다는 기독교 도상학에서 이 "눈부신 어둠"이 블루로 나타나는 경우가 깜짝 놀랄 만큼 많다는 사실에 더 흥미가 있다.

### 163

어째서 블루일까? 성서에서는 전혀 근거를 찾을 수 없다. 복음에 드러난 그리스도의 변모—말하자면 이 인지불능의 "찬란한 구름"이 발현되는 시작 지점—를 보면 구름은 그림자이며 예수의 옷은 "눈부시게 빛나는" 백색이다. 그러나 지난 이천 년 동안 연이어 그려진 모자이크와 회화에서, 예수는 빛나는 파란색 후광을 두르고 바라보는 사람들 앞에 거룩하게 변모한 현신으로 서 있다—이 파란색 후광, 파란 아몬드 모양의 베시카 피스쿠스 vesica piscus 는 비기독교도의 시대에는 비너스와 음문陰門의 상징으로 태연하게 통용되던 형상이다.

### 164

이 파란 음문의 존재 이유는 나도 모른다. 신성한 당혹과 계시를 모두 전달하려는 의도로 그려졌을 것이다. 그러나 그 색만은 옳다고 생각한다. 블루에는 정신이 없다. 현명하지 않고 어떤 지혜도 약속하지 않는다. 블루는 아름답다. 시인과 철학자와 신학자의 말들에도 불구하고, 나는 아름다움이 진실을 가리지도 드러내지도 않는다고 생각한다. 마찬가지로, 아름다움은 정의로 이끌지도 않고 정의에서 멀어지게 만들지도 않는다. 블루는 파르마콘이다. 빛을 내뿜는다.

## 165

블루 특파원 두 명—두 영화감독—이 방금 현장에서 구조 작업을 보고해왔다. 곧 사라질 블루들을 구조했다는 소식이다. 디지털 시대가 폭주하며 달려나가는 지금, 대다수 영화들은 급속히 디지털화되고 있다. 그리고 디지털화 과정에서는 빨강과 파랑보다 녹색이 우선순위가 되기 때문에, 특파원들은 변환 과정에서 "소실"되는 블루들을 수집하기로 결정했다. 그들은 신속하게 행동해야 한다고 말한다. 수집한 블루들로 그들이 무엇을 할 생각인지, "떨어져나간" 블루들이 정확히 어떤 형태를 취하게 될지, 나는 알지 못한다. 일종의 진창처럼 되지 않을까.

## 166

1939년 영화 〈여인들The Women〉은 처음부터 끝까지 흑백으로 촬영되었지만, 천연색 테크니컬러로 촬영된 장면이 단 하나 있었는데, 바로 패션쇼 장면이다. 이 장면은 말 그대로 나머지 영화와 따로 분리해 볼 수 있다. 이 컬러 릴은 플롯과 아예 상관이 없어서 촬영기사는 이 릴을 영화의 일부로 삽입하거나 아예 없는 것으로 치거나 마음대로 할 수 있었다. 이와 비슷하게 기능하는 책을 상상해볼 수 있을까? 큰 덩어리를 차지하는 블루(예를 들어 "파란 행성"이라든가)에 취사선택이 가능한 흑백의 부록이 붙어 있는 식으로.

**167**

나는 이제 영화를 보러 극장에 가지 않는다. 나를 설득하려 하지는 말기를. 어떤 것이 더이상 기쁨을 주지 않는다면, 그 기쁨을 말로 표현할 수는 없는 노릇이니까. "나의 제거는 의식적 결정으로 일어난 일이 아니라 그저 자연스럽게 영화로부터 페이드어웨이 fade away 된 것뿐이다." 예술가 마이크 켈리의 글이다. "우리는 영화적 언어가 되었고, 스크린을 볼 때 우리 눈에 보이는 건 우리 자신뿐이다. 그러니 빠져들거나 사로잡힐 만한 게 거기 있겠는가? 당신이고자 하는 어떤 것을 보게 되었을 때, 당신이 할 수 있는 일이라곤 정말로 닮았는지 여부에 대한 논평뿐이다. 멋지게 그려진 초상화인가? 이것은 의식적이고, 확실히 자아에 의해 좌우되는 행위다." 나는 마이크 켈리의 견해에 전적으로 동의한다. 아마도 이것이 내가 이토록 집요하게 블루로 시선을 돌리는 이유일지 모르겠다. 블루는 내가 되고자 하지 않는다. 아니, 그 무엇도 되고자 하지 않는다. "연극도 그렇지만 우리 자신도, 이제 심리학은 이만하면 신물 나게 해봤다고 나는 생각한다."(아르토)

### 168

세잔 역시 심리학에 물렸다. 그리고 대신 컬러에 주목했다. "만약 내가 모든 소소한 블루와 모든 소소한 브라운을 그린다면, 나는 그 사람의 시선을 포착하고 전달하게 된다." 세잔은 한 남자의 얼굴을 그리는 작업에 대해 이렇게 말했다. 이 말은

"말할 수 없는 것을 당신이 말하려고 하지만 않는다면, 아무것도 잃을 것은 없다. 그러나 말할 수 없는 것은—말할 수 없는 상태로—말해지는 것 안에 포함되어 있을 것이다!"라는 비트겐슈타인의 말에 컬러를 입힌 수정본인지도 모른다. 그래서 내가 세잔의 블루들을 이토록 진지하게 받아들이는 모양이다.

### 169

영화와 멀어진 후로도, 켈리는 여전히 조지프 코넬의 1936년 영화 〈로즈 호바트Rose Hobart〉의 매력에 빠져 있었다. 이 영화는 〈보르네오의 동쪽〉이라는 B급 정글 영화에서 발견된 영상들을 편집한 콜라주 영화다. 코넬 감독은 가위와 테이프를 써서 77분에 달하는 〈보르네오의 동쪽〉을 19분 30초까지 잘라내고 활기찬 영화 주인공 로즈 호바트가 나오는 장면들에 거의 전적으로 초점을 맞췄다. 코넬은 라틴댄스 음악의 사운드트랙을 배경으로 영화를 상영하고, 그토록 사랑했던 컬러로 주인공 로즈를 흠뻑 적시려고 짙은 파란색 필터를 통해 프로젝터

( 블루엣 )

빔을 투사하도록 했다.

**170**

코넬은 심지어 작품을 파란색으로 물들임으로써 창출하고자 한 감각을 담을 새로운 단어를 만들었다. "블루에일 Blue-aille." 코넬이 이 단어를 어떻게 발음했는지 모르지만, 나로서는 상관없다. 이런 식으로 부르면 되니까. "블루엣"(꽃을 부르듯), "블루일"(파란색 질병처럼 들리게), "블루아이"(베르사유나 파란 눈동자처럼 들리게). 그러나 이브 클랭과는 달리, 코넬은 발명품에 특허를 내고자 하는 욕구가 전혀 없었다. (좋은 일이다. 감각에 특허를 낼 수는 없으니까, 천만다행이지 뭔가.) 코넬은 수집할 뿐 소유하지 않았다. 그는 또한 화원을 가꾸고 정자를 짓는 사람이었다. 새를 사랑하는 사람답게 이런 화원의 그늘진 쉼터를 "서식지"라고 불렀다. "낮/ 그리고 나는 농밀한 파란색 조각들을 주웠다." 그는 날짜 미상의 낙서에 이렇게 끼적거렸다.

## 171

"농밀한 파란색 조각들"을 줍기 시작할 때는 그 조각들이 떨어져나온 온전한 파랑에 경의를 표하고 있다고 생각할지도 모르겠다. 하지만 꽃다발은 꽃나무 덤불에 바치는 헌사가 될 수 없다. 수년에 걸쳐 나는 헤아릴 수 없이 많은 파란 돌멩이, 파란 유릿조각, 파란 자갈, 인도에서 떨어져나온 짓밟힌 파란 사진들, 무너진 건물에서 나온 파란색 잔해를 산더미처럼 모아 쌓아두었고, 대부분은 어디서 왔는지 알지 못하지만 그래도 여전히 사랑한다.

## 172

형편없는 할리우드 영화의 필름이 담긴 깡통이 버려져 있는 걸 우연히 발견하고, 그 릴들에서 가장 보고 싶은 장면들을 따로 분리하려고 편집을 하고, 그 결과 만들어진 패치워크 필름을 가장 좋아하는 컬러의 렌즈를 통해, 북적거리는 "열대"의 사운드트랙과 함께 투사한 것. 이건 지금 내게, 완벽한 영화로

( 블루엣 )

보인다. 그러나 또다른 중요한 후보가 하나 있다. 워홀의 〈블루 무비 Blue Movie〉. 퍽 Fuck 이라는 별칭으로 유명하다. "다른 건 전혀 없이, 순전한 오입질로만 이루어진 영화를 항상 만들고 싶었다"고 워홀은 말했다. 그리고 1968년 10월에 해냈다.

**173**

1969년 7월, 〈블루 무비〉는 외설 혐의로 경찰에 압수되었다. 그후 오랜 세월 동안 대중에 공개 상영되지 못했다. 외설 문제가 흐지부지되고 나자 영화에서 섹스를 했던 사람들 중 하나인 비바가 영화의 배급을 승인한 적이 없다면서 또다시 반대하고 나섰다. 2005년 비바는 마음을 바꿨는지 영화가 출품된 여러 영화제에 참석했다. 그러나 나는 그 영화도 그도 보지 못했으니까, 이 주제에 대해 더이상 말을 하는 건 부당한 일이 될 것이다.

### 174

말라르메는 다르게 느꼈을지 모르겠다. 말라르메에게 완벽한 책은 한 페이지도 잘려나가지 않고, 고이 접은 새의 날개처럼, 펼치지 않은 부채처럼, 영원히 신비를 간직한 책이었다.

### 175

〈블루 무비〉에서 비바가 섹스하는 또다른 사람인 루이스 월든에게 한 말:

> "우리는 네 그 흉측한 자지와 불알을 보고 싶지 않아…… 가려봐."
> 루이스: "넌 못 볼 텐데."
> 비바: "어쨌든, 좀 가려봐."

### 176

이런 생각에도 그 나름의 매력은 있지만, 나는 이런 매력에 계속 사로잡히기에는 비슷한 유의 영화를 너무 많이 봤을지도 모르겠다는 생각이 든다. 내리 계속되는 행위에 익숙해지면 심지어 미미한 미스터리나 플롯의 흔적만 보여도 신경질이 난다. 이 사람들이 어쩌다 이 버뱅크 교외의 진부한 주택단지에 오게 되었을까? 그는 배달부가 아니고, 그 여자는 따분한 주부가 아니다. 그들은 스타가 아니다. 그들 몸의 구멍이 스타다. 구멍이나 벌리라고 하라.

### 177

내가 보낸 마지막 편지를 당신이 열어보지도 않고 몇 달 동안이나 하염없이, 어디를 가나 늘 갖고 다녔다고 말했을 때, 낭만을 전혀 느낄 수 없던 이유가 분명해지는 것 같다. 당신에게는 그 편지가 어떤 식으로든 소용이 있었는지 모르지만, 그게 뭐든 내 의도와는 전혀 닮은 데가 없었다. 나는 부적을 줄 생각은 전혀 없었다. 그리움이든, 두려움이든, 슬픔이든 그날그날 덮쳐오는 기분에 따라 표류하는 텅 빈 조각배를 보낼 생각은 없었다. 나는 당신에게 할말이 있었기에 편지를 썼다.

## 178

코넬도 워홀도 모든 욕망이 갈망이라고 생각하는 착오를 저지르지 않았다. 워홀에게 섹스는 욕망보다는 시간을 때우는 일이었다. 싫으면 안 하면 되는 일이었고, 팩토리에서 벌어진 다른 일들과 마찬가지로 천재나 지적장애인이나 다 비슷하게 해낼 수 있는 일이었다. 코넬에게 욕망은 날카로움이고 일상의 매끈한 결이 찢어진 자국이었다. 일기에서 코넬은 그것을 "불꽃" "고양" 혹은 "열의"라고 부른다. 욕망은 아픔을 가져다주기보다는 느닷없는 은혜를 베푼다. 이쯤에서 주목할 만한 사실은, 논란의 여지는 있으나 워홀과 코넬 둘 다 적어도 삶의 어느 시기에는 금욕을 표방했다는 것이다.

## 179

순결을 지키는 남자—수음조차 하지 않는다면 더더욱—를

상상하면, 그가 자기 성기와 어떤 관계를 맺고 사는지가 궁금하다. 그걸로 무슨 다른 일을 하는지, 그것을 어떻게 다루는지, 어떻게 '바라보는지'. 얼핏 보면, 여자에게는 같은 질문이 좀더 "구석에 처박혀" 있는 것처럼 보일지 모른다(부재로서의 보지, 결핍으로서의 보지. 눈에 보이지 않으면 생각도 나지 않는다). 그러나 나는 이런 식으로 생각하거나 말하는 사람은 절실하게 섹스를 하고 싶어 펄떡거리는 보지의 맥동을 그냥 한 번도 느껴보지 못해서 그런다고 생각해버리고 싶다. 빨고 싸는 심장의 움직임을 그대로 전하는 그런 펄떡이는 맥동 말이다.

**180**

나는 아직 블루의 공주에 대해 말하지 않았다. 어느 정도는 의도적이다. 훌륭한 거래상에 대해 너무 많은 정보를 털어놓는 건 현명하지 못한 짓이다. 블루의 공주는 벌써 이십 년째, 내게 블루를 공급해준 탁월한 보급원이다. 그러나 이 말은 해야겠다. 지난밤 나는 숲속으로 그를 찾아가는 꿈을 꾸었다. 꿈속에서 그는 다리를 꼬고 앉아 있었고, 나 역시 그랬지만, 공중으로 붕 떠오른 채였다. 블루의 공주는 신이 아니었다. 그저 내가 그를 찾았고 그의 손님이 되었을 뿐이다. 숲은 투명했다. 우리는 이야기를 나누었다. 블루의 공주는 내게 오염 물질이라 해도 존재한다는 이유만으로 숭배의 대상이 될 수 있다고 말했다. 하지만 에덴은, 에덴 같은 건 없다고도 했다. 그리고 우리가 앉아 있는 이 숲은, 정말로 존재하지 않는다고 말했다.

**181**

파르마콘은 약이라는 뜻이지만, 잘 알려져 있듯이 자크 데리다와 다른 사람들은 이 그리스어 단어가 독약을 가리키는지 치료약을 가리키는지 드러내지 않는다는 점을 지목했다. 두 가지 의미를 모두 담고 있다는 것이다. 『대화편』에서 플라톤은 이 단어를 질병, 질병의 원인, 질병의 치료약, 레시피, 부적, 물질, 주문, 인위적 색채, 그리고 물감에 이르기까지 모든 것의 지시어로 썼다. 플라톤은 섹스를 파르마콘이라고 부르지 않았지만, 생각해보면, 그는 원래 사랑에 대해서는 아주 많은 말을 한 반면 섹스에 대해서는 별말 하지 않았다.

### 182

플라톤의 『파이드로스』에서는 글로 쓰인 단어까지도 악명 높은 파르마콘이다. 소크라테스와 파이드로스 사이에 벌어진 논쟁의 쟁점은 글이 기억을 삭제하는지 보조하는지 여부다. 글은 정신의 능력을 불구로 만드는가, 아니면 망각을 치유하는가. 파르마콘의 다중적 의미를 생각해보면, 어떤 면에서 해답은 번역의 문제다.

### 183

괴테 역시 글쓰기의 파괴력을 우려한다. 특히 "[사물의] 본질을 우리 앞에 여전히 생생히 살아 있는 채로 보존하고 단어로 죽여버리지 않는" 방법을 고민한다. 하지만 솔직히 이제 나는 그런 문제를 고민하지 않는다고 시인해야겠다. 좋은 쪽으로든 나쁜 쪽으로든, 글로 사물을 바꿀 수나 있는지도 모르겠다. 대체로 나는 글이 모든 걸 그냥 그대로 둔다고 생각하는 편이다. 당신의 시는 그렇다면 무슨 일을 하지?라고 묻는다면, 언어를 파란색 물로 헹궈주는 정도가 아닐까.(존 애슈베리)

### 184

글쓰기는 사실 놀라운 이퀄라이저equalizer다. 나는 이런 명제들의 절반을 술이나 약에 취해, 절반은 맑은 정신으로 썼을 수도 있다. 절반은 괴로움에 눈물을 흘리며 쓰고 또 절반은 초연하고 냉정하게 임상적인 거리를 두고 썼을 수도 있다. 그러나 셀 수 없이 바꾸고 또 바뀌어서, 지금에야 비로소, 한줄기 강물이 되어 흘러나가는 외양을 갖추게 된 지금, 우리 중 그 누가 차이를 말할 수 있겠는가?

### 185

아마 그래서 하루종일 글을 써도, 아무리 고되게 느껴질 때라도, 결코 "힘든 노동"이라는 느낌이 들지 않는 모양이다. 오히려 방정식의 양편 항 사이의 균형을 맞추는 일과 비슷하게 느껴지곤 한다. 간간이 몹시 보람찰 때도 있지만, 대체로는 세차게 내리는 소나기 같다. 이것 역시 시간을 때우는 일이다.

### 186

또다른 형식의 과장: 물질을 신으로 만드는 것. 결국은 거짓 신이라고 부정하게 되더라도 마찬가지. 프랑스 시인 기욤 아폴리네르가 1913년의 시집에 『생명수 L'eau de vie』가 아니라 좀더 정확하고, 훨씬 "쿨"한 『알코올 Alcools』이라는 제목을 붙인 것도 바로 이런 부류의 꾸밈을 두드러지게 보이고 싶어서였다.

### 187

실연의 가슴앓이를 어떤 우화로 팽창시키는 것도 비슷한 형식의 과장일까? 사랑하는 대상을 잃는 건 더 단순하고 더 흔하다. 더 정확하다. 그 역시 그냥, 그대로 둘 수도 있다. 하지만 가슴앓이의 풍선에 핀을 아무리 찔러넣어도 풍선이 터지기는커녕 등을 돌리자마자 곧장 다시 커다랗게 부풀어오르는 것만 같은 이 느낌은 어떻게 설명해야 할까?

### 188

당신과 내가 만들어낸 몸과 숨결의 거품을 얼마나 자주 상상했는지 모른다. 이제는 당신이 어떻게 생겼는지 기억도 잘 나지 않고, 당신의 얼굴도 눈앞에 떠오르지 않는데.

### 189

얼마나 자주, 내 내밀한 마음속에서, 물속에서 움직이는 붉은색과 검은색의 리본들, 심장과 머리를 연결하는 두꺼운 두 가닥 밧줄의 움직임을 그려봤는지 모른다. 청록색 물속에 풀리는 잉크와 피. 이것이 섹스 속에 내재하는 색깔들이다.

### 190

지나간 건 과거다. 그 역시 그대로 두면 된다.

### 191

반면, 후유증이 있다는 건 인정해야 한다. 외부적 요인이 제거되거나 저절로 제거된 후에도 오랫동안 여운으로 남아 있는 인상들. "태양을 바라본 사람은 며칠이 지나도 그 눈에 태양의 이미지를 담고 있을 수 있다." 괴테는 이렇게 썼다. "보일은 십 년의 이미지를 예로 언급한다." 그런데 이 잔상이 현실이 아니라고 그 누가 말할 수 있을까? 인디고 날염은 염색통 속에서가 아니라 옷을 꺼내고 나서 이루어진다. 옷을 파랗게 물들이는 건 공기 중의 산소다.

### 192

청색증 cyanosis : "심장 기형 등으로 혈중 산소 포화도가 떨어져 피부가 파란빛을 띠는 증상." 용례 : "나를 향한 그의 사랑이

청색증을 유발한다."(S. 저드, 1851)

### 193

그러나 나는 인정할 생각이다. 좀더 깊이 숙고해보니 글쓰기가 기억에 확실히 영향을 끼친다는 사실을. 가끔씩 글쓰기는 어린 시절의 사진 앨범 같은 효과를 낳아, 이미지 한 장 한 장이 보존하고자 하는 기억을 대체한다. 구체적인 파란 사물들에 대한 글을 너무 많이 쓰고 싶지 않은 마음도 아마 이런 이유일지도 모르겠다. 그것들에 대한 내 기억을 대체하고 싶지도 않고 미화하고 싶지도 않고 떠받들고 싶지도 않다. 솔직히 말하면, 글쓰기가 내 속에 있는 그 사물들을 비워내어 새로운 파란 사물들을 내가 더 많이 품을 수 있다면 제일 좋을 것 같다.

### 194

놀라고 싶어할 수는 있으나(état d'attente) 자의로 놀라워하는 일은, 불가능하지 않다 해도 몹시 어렵다. 그나마 할 수 있는 일이라면, 되돌아보아 놀라운 일을 많이 겪었다면 앞으로도 놀라움이 찾아올 공산이 크다는 걸 깨닫는 정도. "연인들은 사라져도 사랑은 사라지지 않는다" 같은 것. 그러나 나는 대학살 정도의 이유가 없이는 연인에게서 사랑을 어떻게 떼어낼 수 있을지 잘 모르겠다.

### 195

글로 적은 생각들의 앨범도 이와 비슷하게 "원래의" 생각들을 전이하거나 대체하는가? (제발 여기서 언어 바깥에 사유는 없다는 둥 그런 반박은 하지 말아주길. 그건 마치 당신이 컬러로 꾸는 꿈은 사실 컬러가 아니라고 지적하는 짓거리와 비슷하니까.) 그러나 글이 생각을 전이한다면—마치 젖은 찰흙 덩어리를 구멍으로 쑤셔 밀어넣듯 짜낸다면—남은 것들은 어디로 갈까? "우리는 쓰고 남은 자아로 우리 세상을 오염시키기를 원치 않는다."(초걈 트룽파)

### 196

비슷한 사유로 나는 당신에 대한 구체적인 기억도 너무 많이 쓰지 않으려 한다. 기껏해야 "그때 그 섹스" 정도를 쓰려 한다. 그게 아니라면 자세한 묘사를 왜 억누르겠는가? 나는 절대로 사적인 인간형은 아니고, 바보일 가능성도 상당히 높다. "아, 내 청춘의 고난을 공공자산으로 만들어버린 그 바보 같은 페이지들을 내가 얼마나 많이 저주했던가?" 괴테는『젊은 베르테르의 슬픔』을 출간하고 수년이 지난 뒤 이렇게 썼다. 세이 쇼나곤도 비슷한 감정을 느꼈다. 베갯머리에서 쓴 책이 명성과 악명을 동시에 얻은 후 다음과 같이 썼던 것이다. "사람들이 내 책을 어떻게 생각하든, 나는 여전히 그 책이 세상의 빛을 보았다는 사실 자체가 유감이다."

### 197

어느 날 우리가 다시 만나도 우리 사이에 아무 일도 없었던 것처럼 느껴지는 날이 올 수도 있겠지. 상상할 수도 없는 일 같

( 블루엣 )

지만, 사실 항상 일어나는 일이다. "그 어떤 백색도(상실도) 백색의 기억만큼/ 희지는 않다." 윌리엄스는 이렇게 썼다. 그러나 백색의 기억 역시 상실할 수 있다.

**198**

〈페이머스 블루 레인코트〉를 쓰고 나서 이십 년이 흐른 뒤인 1994년 인터뷰에서, 코헨은 그 노래에서 그려지는 삼각관계의 정황이 이제 확실히 기억나지 않는다고 시인했다. "나는 항상 내가 사귀는 여자를 유혹하는, 보이지 않는 남자가 있다는 느낌을 받았다. 이 사람이 실존 인물인지, 가상의 인물에 불과한지는 기억이 나지 않는다." 나는 이 망각이 몹시 힘이 되다가도 다음 순간 끔찍한 비극처럼 느껴지곤 한다.

**199**

당신이 누군가를 얼마나 사랑했는지 잊고 싶다고 바라는 일―그리고 실제로 잊어버리는 일―은 마치 은혜를 베풀 듯

( BLUETS )

당신의 심장에 둥지를 틀어준 아름다운 새 한 마리를 도살하는 느낌일 수도 있다. "만물은 근본적으로 유한하다"는 사실을 인정하면 이런 아픔이 덜어진다는 얘기도 들었는데. 이런 인정이 나는 좀 혼란스럽다. 의지에 따른 행동처럼 느껴질 때도 있지만 다른 때는 굴복처럼 느껴지기 때문이다. 나는 그 사이에서 흔들릴 때가 많다(멀미가 난다).

**200**

"같은 강물에 두 번 들어갈 수는 없다."—확실히 힘이 나는 글귀이긴 하다. 하지만 사실 이건 "수수께끼를 내는 사람"이라든가 "속을 알 수 없는 사람"이라는 별명이 참으로 잘 어울리던 헤라클레이토스▼가 남긴 수많은 말 중 하나에 불과하다. 다른 말들을 보자: "똑같지만 다르고 또다른 물이 흐르는 강

▼　Heraclitus. 기원전 6세기 말의 고대 그리스 사상가로 소크라테스 이전 시기의 주요 철학자로 꼽힌다. 만물의 근원을 불이라고 주장했으며 대립물의 충돌과 조화, 다원성과 통일성의 긴밀한 관계, 로고스Logos에 주목했다.

에 들어가는 사람들에 대하여." "우리는 똑같은 강물에 들어가지만 들어가지 않는다. 우리는 존재하고 또한 존재하지 않는다." "같은 강에 두 번 들어갈 수는 없다. 처음과는 다른 물이, 그리고 또다른 물이 유유히 흘러가기 때문이다." 보아하니 여기서 무언가는 변함없이 남아 있는 것 같은데, 그게 무엇일까?

**201**

나는 새롭게 태어난 자아가 항상 새로운 물로 들어가는 것이 가능하다고—심지어 불가피하다고까지—믿는다. 예를 들어 이런 식으로 변형된 경구처럼 말이다. "똑같은 강물에 두 번 들어가는 사람은 없다. 강도 같은 강이 아니고 사람도 같은 사람이 아니기 때문이다." 그러나 나는 또한 헤라클레이토스의 단문이 일종의 정체된 영원 속에서 전류가 흐르는 치즈 덩어리에 주둥이를 대고 끝도 없이 거듭해 전기충격을 받는 생쥐의 가능성도 고려하고 있다는 느낌을 받는다.

**202**

사실, 우리가 매번 어떤 기억을 소환할 때 안정된 "기억 단편"—"기억 흔적" 혹은 "기억 심상"이라고도 쓴다—에 접속하는지, 아니면 기억을 소환할 때마다 말 그대로 그 생각을 보관할 새로운 "흔적"을 창조하는지, 이런 문제에 관해서는 신경과학자들도 확실하게 의견을 정리하지 못했다. 그리고 이 흔적의 소재나 뇌에서 차지하는 위치가 아직 파악되지 않았기 때문에 사람이 기억을 어떻게 여기는지도 대부분 은유의 문제에 머물러 있다. 기억은 "낙서"일 수도 있고 "홀로그램"일 수도 있으며 "날인"일 수도 있다. "소용돌이"나 "방"에 들어 있을 수도 있고 "수납함"에 보관되어 있을 수도 있다. 개인적으로, 나는 기억하는 내 마음을 상상할 때 영화 〈판타지아 Fantasia〉에 나오는 미키마우스를 떠올린다. 반짝이는 별 그림들이 가득한 뽀얀 네이비블루 은하계를 떠다니는 그 모습을.

( 블루엣 )

### 203

1980년대에 처음 마약이 등장했을 때 떠돌던 온갖 괴담을 기억한다. 딱 한 번만 피우면 그 믿을 수 없는 쾌감의 기억이 영원히 몸안에 남아 약 없이는 만족할 수가 없게 된다고. 이게 사실인지 아닌지는 전혀 모르지만, 솔직히 나는 이 말이 정말 무서워서 마약에 손도 대지 않았다. 그후로, 같은 원칙이 다른 영역에도 적용될까 궁금해질 때가 간간이 있다. 예를 들어, 특별히 놀라운 채도의 블루를 보게 된다면, 아니면 마음속에 매우 영향력이 강한 사람을 품게 된다면, 그저 보고 느꼈다는 사실만으로, 이전으로 다시는 돌아갈 수 없을 만큼 달라질까? 이런 경우, 언제, 어떻게 거부해야 하는지, 어떻게 알 수가 있을까? 회복하는 방법은 또 어떻게 알까?

### 204

최근 들어 나는 하루의 넉넉히 절반 정도는 파란 부적 수집품들을 햇빛이 흠뻑 쏟아지는 선반에 올려놓고, 그로부터 "만물은 근본적으로 유한하다"라는 교훈을 터득하고자 노력하고 있다. 일부러 그런 곳을 골라 진열해두었다. 파란 유리, 파란 잉크병, 투명한 파란 돌을 햇빛이 관통하는 모습을 보는 게 좋기 때문이다. 그러나 확실히 빛 때문에 몇몇 물건은 망가지거나 최소한 파란색이 바래고 있었다. 날마다 햇빛에 제일 취약한 물건들을 "서늘하고 어두운 곳"으로 옮겨야 하나 생각하지만, 사실 나는 보존 본능이 별로 없는 사람이다. 게으름, 호기심, 잔인함—사물한테 잔인하게 대할 수 있는지 모르겠지만—이런 것들 탓에 나는 그것들이 퇴락해가도록 그냥 방치한다.

**205**

그중 가장 취약한 물건은 너는 블루를 생각한다고 했지라고 쓰인 종이쪽지다. 오래전의 연인이 내게 써준 쪽지다. 그는 파란 종이를 네모로 찢어 이 쪽지에 풀로 붙이고 다시 정교하게 바느질해 봉합했다. 이제는 너덜너덜해져 다 떨어져나가고 있다. 바늘땀은 해어지고 단어들은 빛바래고. 참 잘 어울린다 싶다.

( 블루엣 )

이 연인은 언제나 물건을 깨뜨리고는 기발한 방법을 고안해 도로 붙이곤 했으니까. 그는 사는 집마다 침대를 공중에 높이 설치하고 위태로운 사다리를 놓아 올라가게 한 뒤 사다리 밑에다 값진 난초 화분을 놓아두곤 했다. 그래서 침대에서 내려오다보면 화분을 쳐서 넘어뜨리기 일쑤였다. 이 남자 몸에는 문신이 하나 있었는데, 네이비블루색 뱀이었다. 그의 손이 내 몸안으로 다 사라졌을 때 그 하얀 손목에서 그 뱀 문신이 꿈틀거리며 춤추는 걸 보고 있으면 참 좋았다. 그는 키우던 뱀들이 모조리 죽어버린 날을 기억하기 위해 그런 문신을 새겼다. 코네티컷주의 어느 겨울밤이었는데, 강추위로 난방이 고장났고, 그는 뱀들을 따뜻하게 해주기 위해 최대한 많은 전등을 켜서 뱀 우리를 비추어주었다. 그리고 우리는 잠이 들었고, 다시 난방이 들어와서 뱀들은 과열로 죽어버리고 말았다. 난초 화분을 쓰러뜨리는 것보다 훨씬 끔찍한 일이었다. 이 남자는 언젠가 내게 생쥐를 죽이는 법을 가르쳐주었다. 꼬리를 잡고 탁자 모서리에 탁탁 쳐서. 뱀이 쥐를 공격해서 상처만 입히고 죽이지는 않는다면, 그렇게 죽이라고 했다. 뱀이 흥미를 잃었다는 이유만으로 생쥐를 살려두는 건, 참 잔인한 일이야, 그는 이렇게 말했다. 결국 그는 뱀을 한 마리 새로 샀다. 버터컵이라는 이름의 무지개색 보아 뱀이었는데, 영롱하게 빛나는 밧줄 같았다. 버터컵의 색은 내게 끝없는 매혹의 원천이었지만 길이가 1.5미터가 넘는 이 뱀은 힘도 셌고 그가 방안에 없을 때 나의 이두박근을 휘감고 기어오르는 것을 느끼기도 싫었다. 우리 둘 다 그때는 몰랐지만 끝이 다가오고 있을 무렵, 그는 내게 깜짝 선물이 있다고 했다. 그 깜짝 선물은 또다른 파란 문신이었다. 이번에는 뒷목덜미 아래쪽에 새긴 일그러진 동그라미였다. 그에게 아주 아름답게 잘 어울렸고, 아주 단순했다. 하지만 나는 그 문신과 같이 산 시간이 짧아서 어떤 작용을 했는지는 모른다.

**206**

글쓰기는 알고 보면 파르마콘이 아니라 매염제 mordant — 염색하

( 블루엣 )

려는 대상에 색을 침착시키는 재료—라고 해야 할지도 모르겠다. 또는 피부에 먹을 두드려넣는 타투 바늘처럼 무언가를 새기는 것에 가까울지도. 그러나 "매염제"에도 양날이 있다. 매염제라는 말은 깨물다라는 뜻의 'mordère'에서 나온 말이다. 그러니까 단순한 접착제나 보존제가 아니라 산酸, 즉 부식제이기도 하다는 얘기다. 일 년 전쯤, 내가 당신을 잃게 되리라는, 아니 이미 당신을 잃었다는 게 확실해졌을 때, 당신에게 했던 말이 있다. 당신이 "내 심장에 아로새겨져" 있다고. 그때 나는 이런 이중의 의미를 염두에 두고 있었던 걸까? 그때 나는 "아로새기다etch"라는 말이 '잡아먹히다'라는 의미의 'etzen' 또는 'ezjan'에서 나온 줄도 몰랐을 텐데. 하지만 그후로 이어진 나날을 통해 나는 어원의 완전한 의미를 알게 되었다.

**207**
"주어지는 모든 것을 헛되이 하지 않는 사람이 되어라"라는 헨리 제임스의 충고를 가슴 깊이 새기고 살았던 시절을 기억

할 수 있다. 그때는 그런 사람이 되면 결국 헛되이 낭비하는 것 하나 없이 효과가 차곡차곡 쌓이기만 할 거라 믿었다. 하지만 정말로 주어지는 모든 것을 헛되이 하지 않는 사람이 되려면 헛됨마저도 헛되이 잃지는 말아야 한다.

### 208

1947년 2월 28일자 코넬의 일기: "이전에도 그러했지만 오늘도 역시 다짐한다. 내 작품 속에서 과거에 나를 그토록 옭아매고 피폐하게 했던 압도적인 슬픔의 감각을 초월해야 한다고."

### 209

뒤라스는 알코올이 가짜 신이라고 생각했던 게 아니라, 일종의 플레이스 홀더,▼ 말하자면 신의 부재로 생겨난 공간을 점유한 불법점유자로 생각했다. "알코올은 위로를 주지 않는다."

▼   placeholder. 가주어나 가목적어처럼 빠진 것을 대신하는 기호나 텍스트를 이르는 말.

( 블루엣 )

그는 이렇게 썼다. "알코올이 대체하는 건 그저 신의 부재일 뿐이다." 그러나 그렇다고 해서 약물이 자리를 비우면(금단) 반드시 신이 재빨리 달려와 빈자리를 채워준다는 얘기는 아니다. 어떤 이들에겐, 공허 그 자체가 신이다. 어떤 이들에겐, 공간이 텅 비어 있어야만 한다. "공간은 허허롭되 신성한 것은 하나도 없다." 어느 선사禪師가 깨달음을 정의한 말이다.(달마)

**210**

에머슨에게 꿈과 취기는 "예지적 천재"인 척하는 "시늉이자 거짓 모방"에 불과할 뿐이었다. 바로 그 점이 위험하다. 꿈과 취기는—종종 아주 훌륭하게—"심장의 불길과 아량"을 흉내 내기 때문이다. 내 생각에는 에머슨이 기존 신학의 신을 자연으로 대체하려 꾸준히 시도했던 자신의 "설교"를 통해, 실은 오늘날 우리가 "내추럴하이"▼라고 부르는 것을 옹호하고 있었

▼ natural high. 자연적인 흥분상태. 약 등을 섭취하지 않고도 자연스럽게 이르는 매우 기분좋은 상태.

던 것 같다.

**211**

하지만 이런 질문을 던지고 싶은 사람도 있겠지—그게 정말로 흉내내기, 퓌미스터리▼라고 확신할 수 있을까?—글쎄, 묻지 말고, 보자. 직접 보자. 그리고 무엇이 참이고 무엇이 거짓이었는지 묻지 말고 무엇이 쓴맛이고 무엇이 단맛인지를 묻자.

**212**

내가 오늘 임종을 맞는다면, 블루라는 색채에 대한 나의 사랑과 당신과 나눴던 사랑을 지상에서 내가 알았던 가장 달콤한 두 가지 감각으로 지목하리라.

▼ fumisterie, 짓궂은 장난, 불성실함, 엉터리 등을 의미하는 프랑스어로 여기서는 허망한 허상, 허망한 엉터리 등을 뜻한다.

### 213

그러나 이런 질문을 던지고 싶은 사람도 있겠지—그것이 달콤했다고 정말 확신해?

### 214

—아니, 정말로 달콤하지도 않았고, 언제나 달콤했던 것도 아니다. "가차 없이 정직하게"라는 법칙을 강제 적용해야 한다면, 심지어 자주 그랬던 것도 아니라고 해야겠지.

### 215

우리는 종종 통증을 유일하게 진짜인 양, 아니 적어도 가장 진짜와 가까운 양 취급하곤 한다. 통증이 덮치면, 그전에 그 주위에 있었던, 그리고 아마 바로 앞에 있는 모든 것이 덧없고 허황되어 보이는 경향이 있다. 많고 많은 철학자 중에서도 쇼펜하우어가 이런 생각을 누구보다 우습고 직설적인 방식으로 대변한다. "어김없이 쾌락은 생각보다 훨씬 덜 즐겁고 고통은

훨씬 더 괴롭다." 쇼펜하우어를 믿지 못하겠다고? 그는 다음과 같은 짤막한 시험을 제안한다. "잡아먹는 동물과 잡아먹히는 동물의 감정을 비교해보라."

**216**

라디오에서 말한다. 오늘은 "모든 게 변해버린" 그날의 5주기라고. 라디오에서 그 말이 하도 많이 나와서 꺼버린다. 모든 게 변해버렸다. 모든 게 변해버렸다. 글쎄 무엇이 변했지? 그 칼날은 무엇을 폭로했을까? 누구를 위해 왔을까? "슬픔이 내게 가르쳐준 게 없기에 나는 비통하다." 에머슨은 썼다.

**217**

"심장이 견딜 수 있는 만큼의 시련만 받기 마련이다." "죽지만 않으면 시련으로 강해진다." "슬픔은 우리가 반드시 배워야 할 교훈을 준다." 중상을 입은 내 친구는 이런 부류의 경구들에 무섭게 분노한다. 물론 전신마비 환자가 될 사람에게 꼭 맞는 영적 교훈이라는 게 쉽게 생각나는 건 아니다. 종교나 유사종교가 있는 친지나 제삼자가 흘린 "다 이유가 있을 거야"라는 식의 뜨뜻미지근한 생각 또한 그녀에게는 또다른 형태의 폭력이다. 그는 그런 걸 참아줄 시간이 없다. 이렇게 바뀐 모습을 한 채, 그는 무엇이 삶을 살 만하게 만들어주는지, 어떻게 그 삶을 살아나가야 할지 묻느라 너무 바쁘다.

**218**
지켜본 목격자로서 나는 어떤 이유도, 어떤 교훈도 간증할 수 없다. 그러나 이 말만은 할 수 있다. 지켜보고, 함께 앉아 있어주고, 돕고, 함께 울고, 만져주고, 대화를 나누면서 나는 그녀 영혼의 찬란한 중심을 보았다고. 정확히 어떤 모양인지 말할 수는 없지만, 보았다는 말은 할 수 있다.

**219**
마찬가지로, 그것을 보고 나는 믿음을 갖게 되었다는 말도 할 수 있다. 정확히 무엇을 믿는지, 무엇의 존재를 믿는다는 건지 말할 수는 없으나, 나는 믿게 되었다.

### 220

"우리의 근본적 상황은 기쁨에 차 있다"라고 누군가 말하는 상상을 해보라. 그리고 그 말을 믿는다고 상상하라.

### 221

아니면 믿음을 아예 잊고 아주 잠시 동안이라도, 느끼는 상상을 하라, 마치 그 말이 사실인 것처럼.

### 222

2002년 1월, 나는 쿠바 북부에서 145킬로미터 정도 떨어져 있는 사실상 버려진 요새인 드라이토르투가스 제도▼에서 캠핑을

▼ Dry Tortugas. 미국 남부, 멕시코만 플로리다반도 앞바다에 있는 군도. 물이 부족한데다 거북이 많이 서식해서 이러한 이름이 붙었다.

하면서 『네이처』를 뒤적거리고 있었다. 거기서 나는 우주의 색이(이게 대체 무슨 뜻인지는 알 수 없지만, 이 기사로 추정하기에는 20여만 개의 은하계가 발사하는 빛의 스펙트럼을 통계 낸 결과 같았다) 드디어 도출되었다는 기사를 읽었다. 기사에 따르면 우주의 색은 "연한 청록색"이라고 한다. 반짝이는 멕시코만을 아스라이 바라보며 그럼 그렇지라고 생각했다. 처음부터 줄곧 알고 있었어. 세계의 심장이 블루라는 사실을.

### 223

몇 달 후, 다시 집으로 돌아왔을 때, 어디 다른 곳에서 이 결과가 컴퓨터 결함에 의한 오류라는 글을 읽었다. 새로 나온 기사에 따르면 우주의 진짜 색은 밝은 베이지다.

### 224

최근에 나는 프랑스어의 "블뤼에les bluets"가 영어의 "콘플라워cornflowers"로 번역될 수 있다는 사실을 알았다. 이 책의 가제를 "블루엣Bluets"(발음도 틀렸다)이라고 하고 다닌 지 벌써 몇 달이나 되었으니, 이미 다 알고 있었던 게 아니냐고 할지도 모르겠다. 하지만 나는 그저, "프랑스의 시골에서 아주 많이 자라는, 노란 꽃술이 달린 작고 파란 꽃"이라는 말을 어디서 주워들었을 뿐이다. 아무래도 한 번도 본 적이 없는 것 같다.

### 225

블뤼에에 대해 알게 된 후 흐드러진 콘플라워 한 다발을 받는 꿈을 꾸었다. 이 꿈속에서는 꽃 이름이 콘플라워라는 게 아무 문제가 되지 않는다. 이제는 굳이 블뤼에일 필요가 없어졌다. 꽃들은 미국산이고 허름하고 야생이고 강인하다. 로맨스를 상징하지 않는다. 특별히 무언가를 축하하기 위해 누가 보낸 꽃이 아니다. 내가 처음부터 잘 알고 있던 꽃이었다.

### 226

이 프로젝트를 위해 블루를 수집하면서—폴더에, 상자에, 공

( 블루엣 )

책에, 기억에—두꺼운 파란색 책을 제작하는 상상을 했다. 파란색 관찰, 생각, 사실들을 집대성한 백과전서. 그러나 지금 나의 컬렉션을 펼쳐놓다보니 제일 눈에 띄는 건 빈혈이다. 내 열정에 정확히 비례하는 빈혈증. 부스러기로 산을 하나 쌓을 수 있을 만큼 블루를 많이 수집했다고 믿었는데. 이제 보니 연극이 끝나고도 한참 지난 무대에 흩어져 있는 얇은 파란색 젤 덩어리만 주워온 느낌. 연극 세트는 이미 다 허물어졌는데.

**227**

원래 이래야 마땅한지도 모르겠다. 비트겐슈타인의 『논리-철학 논고』—비트겐슈타인 평생 최초이자 유일의 철학 서적—는 정확히 육십 쪽이며 총 일곱 개의 명제를 제시한다. "책이 짧은 점은 몹시 유감입니다. 하지만 내가 뭘 어떻게 할 수 있겠습니까?" 비트겐슈타인이 번역자에게 보낸 편지다. "나를 레몬처럼 쥐어짜봐야 아무것도 더 나올 게 없는데요."

## 228

부상을 입은 내 친구는 이제 음성인식 소프트웨어를 통해 편지를 쓸 수 있게 되어, 친구들에게 병세의 진전을 알려준다. 그간 달라진 점이 아주 많다고 했다. "내 인생은 달라질 수 있고, 정말로 달라지고 있어." 그는 힘주어 말한다. 그의 삶은 변해왔고 지금도 변하고 있다, 가끔은 놀라울 정도로. 그럼에도 불구하고, 편지의 말미에는 보통 짤막한 한 단락 정도를 넣어 신체적 통증이 사라지지 않는다고 인정하곤 한다. 그리고 잃어버린 모든 것이 한없이 슬프다고, 바닥을 알 수 없는 슬픔을 느낀다고 쓴다. "내가 힘겹게 싸우고 있는 난관들에 대해 쓰지 않는다면 사지마비와 경추손상 환자들의 괴로운 현실을 오도하게 될까 겁이 나서"라고 그는 쓴다. "그래서 이 한 단락을 쓰는 거야. 대충 에둘러서 내가 여전히 힘들어 죽을 것 같다고 말하는 한 단락을."

( 블루엣 )

**229**

나는 이 모든 글을 파란 잉크로 적고 있다. 모든 단어를, 그저 몇 단어가 아니라, 이 모든 단어를 물로 썼다는 사실을 기억하고 싶어서.

**230**

5월 한 달 동안 북부 지역에 처박혀 있었다. 5월 내내 나흘밖에 해를 보지 못했다. 나머지 나날은 회색 일색이었다. 부슬비가 내리거나 폭우가 쏟아지면 만물이 초록빛이 되었다. 급류처럼 밀어닥친 녹음이 순식간에 우거졌다. 한마디로 악몽이었다. 날마다 노란색 판초를 두르고 블루를 찾아서, 블루의 사물을 아무거나 찾아서 헤매었다. 땔나무 더미를 덮은 방수포들(항상 방수포뿐!), 길거리에 아무렇게나 널브러져 있는 파란 재활용 쓰레기통들, 회색빛 도는 청색 우체통들이 여기저기. 그뿐이었다. 나는 밤마다 텅 빈 눈, 텅 빈 손으로 어두운 내 방으로 돌아왔다. 하루종일 차가운 강물을 휘저으며 헛되이 사금을 찾던 광부처럼. 세계와 맞서 싸우는 짓은 그만둬. 나는 스스로에게 충고했다. 지금 함께 있는 것을 사랑하자. 녹색을 사랑하자. 하지만 나는 녹색을 사랑하지 않았고, 사랑하고 싶지도 않았으며, 사랑하는 척하고 싶지도 않았다. 내가 그나마 할 수 있는 말은, 견뎌냈다는 것이다.

## 231

그 5월에 나는 비좁은 내 침대에 누워 날마다 내 몸을 애무했고 당신을 생각하며 절정에 달했다. 새로운 재앙의 씨앗을 뿌리고 있다는 걸 잘 알면서도. 재앙은 그때 닥치지 않았지만 훗날 결국 찾아왔다. "엿새는 순조롭게 흘러갔지만/ 이레째는 파란 악마들이나 빚쟁이들이 찾아오겠지."(바이런, 1823) 내가 그나마 할 수 있는 말이라면, 이번에는 교훈을 얻었다는 게 고작이었다. 희망하기를 그만두었으니까.

### 232

아마, 때가 되면, 당신을 그리워하는 것도 그만두게 되겠지.

### 233

미래는 알 수 없다는 말은, 어떤 이들에겐, 신이 우리를 현재 이 순간에, 혹은 이 순간을 향해 봉합해놓는 수단이다. 다른 이들에게는, 악의의 표징이며, 여기 우리의 온 존재가 농담이나 착오라고 볼 수 있는 확실한 신호다.

### 234

내게는, 둘 다 아니다. 그저 원래 그런 것일 뿐. 이런 우연이 행운인지 불운인지는 아마 다른 무엇보다 기분에 달려 있을 것이다. 어려움이 있다면 "우리의 기분들은 서로를 믿지 않는다"는 것이다.(에머슨) 풍광을 배회하며 단서를 찾고 증거를 축적할 수는 있지만, 아무리 높이 쌓은 증거들이라도 결정적으로 판결을 좌우하지는 못하는 것 같다.

### 235

"우울증blues에 걸렸을 때 사람들이 말해주지 않는 한 가지는, 밑바닥이 없으니 끝없이 떨어진다는 사실"이라고 에밀루 해리스는 노래했는데, 아마 그녀가 옳을지도 모른다. 밑바닥이 없다는 얘기를 듣는 게 도움이 될 수도 있다. 그저, 어디서든, 언제든, 파내는 것을 그치면 거기가 바닥일 뿐. 당신은 이마에 차가운 위스키의 식은땀이 송골송골 맺힌 채 달뜨고 일그러진 눈빛으로 삽을 들고 거기 서 있다. 자기가 하는 일에 뼛속까지 진절머리가 난, 불쌍하고 한심한 무덤 파는 사람처럼. 당신은 자기가 판 더러운 구덩이 속에, 어두운 그곳에 혼자 서 있다. 펄떡이는 정적을 온몸으로 느끼며, 시체들의 스캔들에 둘러싸인 채.

### 236

이 사실에 지나치게 마음을 쓰지는 마라. "열흘 중 아흐레 동안, 그가 주위에서 본 건 오로지 자신의 경험적 삶과 실패한 시도들의 비참한 광경, 미지의 축하가 남긴 잔해뿐이었다."
메를로퐁티가 세잔에 대해 쓴 글이다.

### 237
아무튼 나는 이제 날짜를 세지 않는다.

### 238
당신이 이 글을 혹시라도 읽게 된다면 알아주었으면 좋겠다. 이 단어들을 다 버리더라도 당신을 내 곁에 두고 싶었던 때가 있었다는 걸. 세상의 모든 블루를 다 버리더라도 당신을 내 곁에 두고 싶었다는 걸.

### 239
하지만 이제 당신은 사랑이 위안이라도 되는 것처럼 말하고 있다. 시몬 베유가 그러지 말라고 경고하지 않았던가. "사랑은 위안이 아니다." 베유는 이렇게 썼다. "사랑은 빛이다."

**240**

그렇다면 좋다. 다른 말로 바꿔 말해보겠다. 내가 살아 있을 때, 나는 갈망이 아니라 빛을 연구하는 자가 되고자 했다.

(2003~2006)

처음이자 영원한

블루의 공주

릴리 매저렐러를 위하여

옮긴이의 말

## 『블루엣』을 비춘
## 내 얼음·거울·조각들

한 송이만 따로 놓고 보면 특별할 게 없어서 아무도 눈길을 주지 않는다. 하지만 이 꽃은 군집을 이루고 고지대 초원을 점령해 라일락빛 꽃들을 서리처럼 흩뿌린다…… 시골사람들은 수레국화를 퀘이커레이디스Quakerladies 나 이노슨스Innocence 라고 부른다. 2센티도 안 되는 크기에 십자가처럼 네 장의 파란 꽃잎이 달려 있는데, 중앙의 꽃술은 황금빛이다…… 이 야생화의 학명은 'Houstonia caeru lea'이고 커피나무나 친초나무와 친척인데, 터무니없는 소리, 저 순진한 꽃에 카페인이나 키니네의 흔적이 있을 리 없지 않나……

「잊을 수 없는 블루엣Unforgettable bluets」,
뉴욕 타임스 1972년 5월 21일자

( 블루엣 )

『블루엣』을 검색하다 1972년 뉴욕 타임스에 익명으로 실린 단상을 읽었다. 한 번 보면 잊을 수 없는 수레국화밭 풍경에 대한 이 짧은 단상은 사실 모순과 반전으로 가득하다. 순진한 별명들을 지닌 소박한 야생화는 고지대의 평원을 식민지화하고 나비떼를 유혹해 불러들인다. 작고 여리고 파란 십자가 모양 꽃들은 갓 태어난 봄날의 녹음을 미세하게 조각난 얼음으로 시리게 덮는다. 십자. 순수. 카페인. 키니네. 독극물이자 치유제인 파르마콘. 책 제목에 영감을 준 조앤 미첼의 파란 연작 회화를 떠올린다. 자료조사를 하다 매기 넬슨도 분명 이 글을 읽었을 것이다.

학식과 관능, 시와 철학, 지성과 육체를 한몸에 담은『블루엣』은 매기 넬슨이 세상의 봄날에 글로 흩뿌린 서리, 만발한 수레국화 꽃밭이다. 난 증거도 댈 수 있다. 이를테면「십자가의 꿈」의 이름 모를 저자가 꿈에서 본 황금색을 떠올리는 #112로부터 꿈속에서 본 작고 파란 꽃을 찾는 데 인생을 바치는 노발리스의 미완소설 『파란 꽃』이 나오는 #113 사이의 여백은 어떤가. 정말이지 "누가 이 세상에 핀 꽃 한 송이에 이토록 마음을 쓴단 말인가? 그리고 꽃과 사랑에 빠지는 사람 이야기는 들어본 적이 없다".

하지만 여기 매기 넬슨이 있다. 그 꽃, 그 색과 사랑에 빠진 사람. "이번에는 블루다." 넬슨의 글쓰기 모델은 롤랑 바르트의 『사랑의 단상』이다. 롤랑 바르트가 사랑을 조각내 글로 흩뿌리며 뒤쫓았듯 넬슨도 사랑하는 것들을 조각내 글로 흩뿌리고 추적한다. 바르트의 텍스트가 그러했듯, 넬슨의 블루엣도 의미의 근원, 블루를 지시하지만 닿지 못한다. 세상의 파란 것들은 "유일한 주체를 나타내는 은밀한 암호"이고 "우주가 담긴 지도의 X자 표시"고 "신의 지문"이다. 아니, 오히려 산재된 이 "색깔들이 더해져 신이 된다". 무수한 조각으로 바스라지고 흩어진 블루엣들이 군집을 이루어 넬슨의 글쓰기, 넬슨의 신영神影을 이룬다. 그러니까 넬슨의 책은 『블루』가 아니고,

( 블루엣 )

꽃이름의 올바른 발음인 『블뤼에』도 아닌 『블루엣』이다.

블루는 빛일까 색일까 관념일까 은유일까 감각일까 아니면 마음의 상태일까. 이 책에서 블루는 그 모든 것이다. 광학적 착시. 선물이자 상실, 고통과 슬픔과 죽음. 불가지론의 형이상학. 여자들만 느끼는 깊디깊은 우울. 비에 젖은 파란 방수포처럼 흔들리는 우리 삶. 슬프고 아프고 외로운 변두리의 신. 파란 신의 조각들이 독자의 피부를 물들이고 심장을 파고든다. 베고 에이고 적시고 스민다. 그리하여 넬슨의 블루는 지적인 통찰보다는 고통의 공감각을 울리고 240개의 얼음 파편처럼 비산해 독자의 눈과 심장에 박힌다. 사고로 신체가 마비된 친구의 영영 쓸 수 없는 발은 보드랍고 매끄럽고 "파리해진다". 공감각은 광학이나 자연철학이나 형이상학만큼이나 중요한 블루의 앎이다. 철학과 과학의 앎만큼이나 중요한 문학과 예술의 앎이다. 텍스트로 전달되는 타자의 아픔을 느낄 수 없으나 여전히 느끼는 감각이 또한 파란 신의 흔적이다. 얼핏 "의

( BLUETS )

미가 없어" 보이는 거트루드 스타인의 시 『텐더 버튼스』를 강의하다가 넬슨은 학생들에게 말한다. "스타인은 상처받은 색들을 걱정하는 거예요"라고.

하늘과 가장 가까운 호수 티티카카의 물빛을 본 적이 있다. 그때 매기 넬슨의 블루를 알았다. 그 물의 빛깔을 나는 영원히 잊지 못할 것이다. 해발 4000미터 고원에 위치한 그 호수의 블루는 충격적으로 깊었다. 그 어디에서도, 단 한 번도 본 적 없는 깊디깊은 블루였다. "항성의 빛"을 만난 "텅 빈 우주의 어둠"을 담은 색, "허공과 불이 만들어내는 황홀한 우연"이고 삶에 죽음을 투영하는 고통, 봄날에 흩뿌려진 서리 같은 야생화, 신의 지문이었다.

*

이 책을 처음 번역했던 2019년, 그땐 몰랐지만 나는 매기 넬슨만큼이나 블루에 푹 젖어 있었다. 신경다양인임을 자각하지 못하고 오랫동안 버틴 탓에, 서서히 금간 일상의 방벽을 뚫고 누수된 우울과 슬픔이 차오르고 있었다. 번아웃으로 난독 증세도 시작되어서, 한 문장 한 문장을 그야말로 허덕허덕 깔딱 고개처럼 넘어가야 했다. 불안해서 퇴고를 얼마나 많이 했는지 모른다. 하나 신경다양인 특유의 공감각으로 넬슨의 문장이 품은 통증만은 베이듯 오롯이 느꼈다. 넬슨의 파란 문장을 파르마콘처럼 힘겹게 숨쉬며 투아레그인처럼 피부가 파랗게 물드는 꿈을 꾸었다. 그래서 나는 안다. (신경)다양성/우울증 특유의 기억, 고감도이고 고해상도이지만 철저히 파편화된 기억의 형태를 넬슨이 그대로 모사해 기술하고 있음을.

한때는 심장에 박힌 얼음·거울·조각들처럼 매기 넬슨의 파란 문장들을 지니고 다녔고 그 문장들은 수시로 욱신거렸다. 하지만 이제 외피가 더 단단해진 나는 이 침윤하는 텍스트와 보다 건강하고 바람직한 거리를 둘 줄 안다. 다시 읽는 과정에서, 그때보다 지금의 내가 매기 넬슨의 철학적 사유를 한층 구조적으로 명징하게 이해할 수 있게 되었다고 느꼈다. 하지만 경계를 잃고 푹 잠겨 허우적거리던 그때의 나였기에 비로소 가능했던 어떤 절박하고 애틋한 진심은 여전히 남아 있다. 오히려 넬슨의 무경계적 글쓰기에는 잘 어울리는 듯도 하다. 나는 이 책을 "사적으로" 사랑하고, 이렇게 새로운 모습으로 되살려져 새로운 독자들을 만날 수 있게 되었다는 게 한없이 기쁘다. 다만 넬슨의 블루에 침잠한 채로 삶의 한 시기를 보낸 나의 조각들은 어쩔 도리 없이 이 문장들에 흩뿌려져 있다.

## 블루엣
사랑과 상실로 아로새긴 240편의 푸른 문장들

초판 인쇄 2025년 8월 25일
초판 발행 2025년 9월 15일

지은이 매기 넬슨 옮긴이 김선형

책임편집 이경록 편집 김혜정
디자인 김문비 저작권 박지영 형소진 주은수 오서영 조경은
마케팅 정민호 서지화 한민아 이민경 왕지경 정유진 정경주 김혜원 김예진 이서진
브랜딩 함유지 박민재 이송이 박다솔 조다현 김하연 이준희
제작 강신은 김동욱 이순호 제작처 상지사피앤비

펴낸곳 (주)문학동네 펴낸이 김소영
출판등록 1993년 10월 22일 제2003-000045호
주소 10881 경기도 파주시 회동길 210
전자우편 editor@munhak.com
대표전화 031) 955-8888 팩스 031) 955-8855
문학동네카페 http://cafe.naver.com/mhdn
인스타그램 @munhakdongne 트위터 @munhakdongne
북클럽문학동네 http://bookclubmunhak.com

ISBN 979-11-416-1270-2 03840

잘못된 책은 구입하신 서점에서 교환해드립니다.
기타 교환 문의 031)955-2661, 3580

www.munhak.com